AF592080

TRAITÉ
SUR LES DROITS
DES FILLES,
EN NORMANDIE,

AVEC UNE MÉTHODE facile & sûre pour liquider leur Légitime ou Mariage avenant.

A ROUEN,

Chez LE BOUCHER le jeune, Libraire, rue Ganterie.

Et se trouve A PARIS,

Chez DURAND neveu, Libraire, rue Galande.

M. DCC. LXXIX.

Avec Approbation & Privilege du Roi.

TABLE
DES
CHAPITRES
ET SECTIONS
Contenus dans cet Ouvrage.

INTRODUCTION.

PREMIERE PARTIE.

CHAPITRE I.

CHAPITRE II.

CHAPITRE III.

CHAPITRE IV.

CHAPITRE V.

CHAPITRE VI.

CHAPITRE VII.

SECONDE PARTIE.

CHAPITRE I.

CHAPITRE II.

Fin de la Table.

INTRODUCTION.

DISPOSITIONS de l'ancienne Coutume de Normandie, relativement au Mariage *avenant des Filles, & division de l'Ouvrage.*

LES Coutumes Normandes sont celles qui ont conservé plus de traces des premiers usages pratiqués sous les deux premieres races de nos Rois.

Les biens qui formoient le domaine de la Couronne, suivoient pour leur partage, les regles établies pour celui des biens des particuliers : de là ſur les uns & ſur les autres, les mâles avoient droit de propriété, & les filles ſeulement des proviſions pour leur ſubſiſtance, ou une dot en meubles ou en deniers, lorſqu'elles ſe marioient (1) : le pere pouvoit cependant accorder à ſes filles une part en propriété en ſa ſucceſſion ; mais il falloit, pour qu'elles jouiſſent de ce privilege, un acte formel de réſerve. Marculphe nous en a conſervé des modeles dans ſes formules.

L'ancien Coutumier de Normandie nous offre les mêmes diſ-

(1) *Vita Carol. magn.* p. 89.

positions (1) ; il défend aux filles de demander aucune part en l'héritage de leurs peres contre leurs freres, ceux-ci ne leur doivent que mariage. Par ce mot de *mariage*, la Coutume entendoit que pourvu que les freres eussent procuré un époux à leur sœur, ils étoient quittes, soit qu'ils lui eussent donné *meubles sans terres*, *ou terres sans meubles*, & que l'époux ne fut ni de condition trop inégale, ni disgracié par des défauts de corps, ou d'intelligence, ni dégradé par des actions ou par des condamnations flétrissantes.

---

(1) Chap. part. d'hérit.

Le Glossateur du vieux Coutumier (1) avoit observé que si les freres refusoient de marier leur sœur, ils seroient, en punition de ce refus, obligés à lui donner part aux biens de la succession du pere ou de la mere ; qu'au contraire, dans le cas où la sœur voudroit rester fille, elle auroit provision viagere ; & pour exprimer cette derniere assertion, il s'étoit servi de ces termes :

Se aulcun a une sœur, & elle ne se veuille point marier, ains

(1) Il ne faut pas le confondre avec Rouillé, qui n'a fait que des Notes latines sur la Glose. Elle a été imprimée sans les Notes, à Caen, en 1510.

dit

dit qu'elle vivra chastement ; elle ne pdra pas pour ce sa part de l'heritage , mais l'aura seulement à vie. Rouillé, dans l'édition qu'il donna du Glossaire , en 1539 , crut que cette abrévation , *pdra* , signifioit *perdra*, au lieu de *prendra* : & d'après cette fausse interprétation, quelques Praticiens s'imaginerent que lorsque la fille n'avoit pas renoncé au mariage ou qu'elle étoit parvenue à un âge avancé, il lui étoit dû partage ; mais lors de la réformation de la Coutume , on rappella les maximes primitives, & la Légitime des filles leur fut conservée à titre de créance , & non de propriété.

Le vieux Coutumier ne fait aucune mention du pays de Caux, parce qu'en ce canton les immeubles suivoient les mêmes regles des fiefs nobles de Coutume générale. C'est ce que nous apprend le *Style ancien de proceder* (1) : *Item*, y est-il dit, *se en la succession y a héritages assises ès lieux où l'en use de la Coutume de Caux..... l'ainé vertu de ladite Coutume emportera ce qui est ès lieux où l'en usera de cette Coutume...... Les héritages non nobles sont de semblable usage selon les lieux où l'usage de Caux a lieu.*

(1) Chap. de Succession.

l'aîné a tout, à la charge de marier ses sœurs s'aulcunes a, & de la provision des freres puînés.

Sous le prétexte du silence gardé par l'ancien Coutumier sur les droits des filles dans les héritages sis en Caux, on commit à l'égard de ces filles le même abus que la mauvaise interprétation de la Glose avoit introduit en la Coutume générale; & en conséquence, en 1583, quelques-uns des Commissaires appellés pour réformer la Coutume, proposerent d'insérer en la Coutume nouvelle un Article par lequel les filles Cauchoises auroient, sans être réservées, le tiers en propriété; mais les Réformateurs, qui n'avoient pouvoir que d'éclaircir l'ancienne Coutume, d'en indiquer & fixer l'eſprit par des maximes plus clairement rédigées qu'elles ne l'avoient été juſqu'alors, rejetterent unanimement la propoſition en 1586. Il feroit étranger au but que l'on ſe propoſe en cet Ouvrage, de développer ici les événements qui ont porté les premiers François & les Normands à reſtraindre les droits des filles & des cadets dans des bornes auſſi étroites que celles que leur preſcrit la Coutume réformée de Normandie, qui n'eſt autre choſe que l'abregé des principes de Légiſlation ſuivis dans tout le

Royaume dès ſon origine, toutes conſidérations politiques doivent être écartées d'un Traité de pratique.

Il ne convient que de s'y occuper des moyens les plus faciles pour mettre la Loi en action, de la maniere qu'elle veut elle-même y être miſe ; ainſi mon deſſein étant de déterminer quels ſont les droits des filles, ſoit qu'elles ſoient ſimplement légitimaires, ſoit qu'elles ſoient héritieres, majeures ou mineures, nobles ou roturieres, je diviſe cet Ouvrage en deux Parties. Dans la premiere, je définis ce que l'on doit entendre par Mariage avenant, & comme ce droit eſt celui qui conſtitue plus ordinairement l'état des filles en cette Province, j'éclaircis les différentes diſpoſitions, ſoit de la Coutume générale, ſoit des Coutumes locales qui ont rapport à ce droit; parce que ſans la vraie intelligence de leurs Textes, il ne ſeroit pas poſſible de fixer exactement les diverſes quotités de Légitime que ces Coutumes accordent aux filles, ni les différentes proportions dans leſquelles chaque frere doit y contribuer. Enfin pour la facilité des Arbitres auxquels la liquidation de la Légitime eſt confiée, & vu que la plupart ſont peu habitués avec les principes de l'Arithmétique, je donne des modeles de calcul & même une Table toute calculée, au moyen desquels toute liquidation peut être faite sûrement & sans peine par les personnes les moins instruites.

Dans la seconde Partie, j'indique les droits des filles, étrangers à leur qualité de Légitimaires ou de réservées à partage, suivant que la Coutume ou la Jurisprudence les a réglés.

J'ai tâché d'être clair & concis. La plus grande partie des Livres de Droit ont le double défaut ou de ne pas mettre à la portée des Eleves les maximes qu'ils enseignent, parce qu'on néglige d'en indiquer l'origine & le but ; ou de donner trop d'étendue à la discuſſion des matieres ; d'où il arrive que très-ſouvent l'on perd de vue les principes, pour ne s'occuper que des conſéquences.

TRAITÉ SUR LES DROITS DES FILLES, EN NORMANDIE.

PREMIERE PARTIE.

CHAPITRE Ier.

DÉFINITION DU MARIAGE AVENANT.

ON appelle en Normandie ; *Mariage advenant*, une créance fonciere, à laquelle la Coutume de cette Province réduit les filles; après la mort de leurs pere & mere, pour leur tenir lieu de part sur leurs successions, lorsqu'elles ont des freres; créance dont elles n'ont que l'usufruit tant qu'elles restent filles, & dont elles peuvent disposer comme propriétaires, dès qu'elles ont été mariées.

1°. Le nom de *Mariage advenant*, a été donné à cette créance, parce qu'anciennement, ainsi qu'on l'a déja observé, *les freres pouvoient marier leurs sœurs sans rien leur donner*, pourvu que leur établissement fût convenable à leur condition (1), & parce qu'avant le mariage des filles, leurs freres ne leur devoient que la subsistance.

---

(1) Terrien, Liv. VI, Chap. III.

C'étoit donc lorſque le mariage ſe contractoit, que les filles avoient des droits réels & fonciers dans les ſucceſſions de leurs aſcendants. Or, comme c'étoit *adveniente matrimonio*, que ces droits leur étoient dûs (1), la Légitime actuellement accordée aux filles par la Coutume, quoiqu'exigible hors le cas du mariage, a retenu ſon ancienne dénomination.

2°. Le mariage avenant eſt une *créance*, puiſque la fille ne peut

(1) *Sorores*, dit l'ancien Coutumier Latin, chap. XXVI, *in hereditate patris nullam portionem debent clamare verſus fratres, vel eorum heredes, ſed maritagium poſſunt requirere..... competens eſt matrimonium ad mulierem ſi perſonæ idoneæ prout genus & poſſeſſiones paternæ requirunt, maritetur.*

prétendre aucune part en essence dans les biens paternels & maternels, de quelque nature qu'ils soient ; que toutes les especes de biens dont ces successions sont composées, y sont affectés ; que les héritiers la doivent solidairement.

3°. Cette créance est *fonciere* : les sœurs, pour en obtenir paiement, peuvent faire saisir les fruits des héritages dépendants des successions ; quoique leurs freres les aient aliénés, elles peuvent même demander, sans être obligées de décréter, que partie de ces héritages leur soit adjugée à due estimation, & par préférence à tous créanciers ou acquéreurs de leurs freres.

4°. On dit que la Coutume

réduit la part des filles après la mort de leurs pere & mere, au mariage avenant; parce que tant que les pere & mere ſont vivants, les filles ont droit de prétendre une part en propriété auſſi bien que leurs freres, puiſqu'il ne dépend que de la volonté des pere & mere de donner cette propriété à leurs filles, en les réſervant à partager leurs ſucceſſions.

5°. Le mariage avenant, *tient aux filles lieu de part*, puiſque pourvu que les freres, après la mort des pere & mere, établiſſent décemment leurs ſœurs, elles n'ont aucune prétention à former contr'eux.

6°. Elles ne ſont qu'uſufruitieres du mariage avenant, tant qu'elles ne ſe marient pas; les freres peuvent en effet vendre les fonds ſujets à la Légitime, à la charge par les acquéreurs de l'acquitter. Ce ſont conſéquemment les freres qui ont la propriété des fonds, & les ſœurs non mariées ne peuvent réclamer que les arrérages de leur penſion alimentaire ſur cette propriété. Si le frere payoit par anticipation ces arrérages à ſa ſœur, elle pourroit l'obliger à les lui payer une ſeconde fois à leur échéance, l'intention de la Coutume étant que de ſon conſentement même, la fille ne puiſſe être privée des moyens de ſubſiſter.

7°. La *propriété* du mariage avenant, appartient à la fille après ſon mariage; c'eſt-à-dire, que cette propriété eſt bornée à celle du capital de ce qu'elle ne possédoit, étant fille, qu'usufruitiérement. Sa propriété ne s'étend sur les fonds des successions paternelles ou maternelles, qu'au défaut de paiement des intérêts de ce capital, ou au cas où la perte de ce capital est à redouter.

8°. Et enfin le mariage avenant ne peut être exercé que sur les successions de pere & de mere; car en succession collatérale, les filles mariées ou non mariées n'ont aucune légitime; leur part revient entiere au profit de leurs freres: Art. 309 & 320 de la Coutume. Ceux-ci sont seulement tenus de leur donner mariage à proportion de cette succession, dans le cas où elles ne pourroient, sans ce secours, se procurer ou la subsistance, ou un établissement convenable.

CHAPITRE II.

TEXTES de la Coutume générale qui reglent les droits des Filles sur les ſucceſſions de leurs Peres & Meres.

SECTION PREMIERE.

FILLES ne ſont que créancieres en ſucceſſions directes & collatérales, lorſqu'il y a des Freres.

ARTICLE 248.

EN ſucceſſion de Propre, tant qu'il y a mâles, ou deſcendants de mâles, les femelles, ou deſcendants des femelles ne peuvent ſuccéder, ſoit en ligne directe ou collatérale.

Il y a plusieurs exceptions à cette regle : les filles ont partage aux meubles & héritages en Bourgage, 1°. Lorsqu'elles sont réservées à partage par leurs pere & mere, ou par le pere, soit avant ou après le décès de son épouse. 2°. Si les freres consentent à les recevoir à partage. 3°. Si les freres refusent de les marier convenablement. 4°. Si le fisc ou créancier subrogé, ou le cessionnaire des droits universels du frere, se trouvent obligés de donner à la fille sa Légitime ; car si c'est un acquéreur pur & simple d'une portion du bien, ou même de tout le bien du frere, qui est soumis à remplir cette obligation, alors il est quitte en donnant, comme le frere, à la fille mariage avenant. La raison de ceci eſt, que dans le cas de confiſcation du frere, ou de ſubrogation forcée à ſes droits, ou d'acquiſition de leur univerſalité, celui-ci ne peut manifeſter s'il a ou non intention de donner à ſa ſœur partage, au lieu de mariage ; & que lorſque le frere n'a point expliqué clairement ſon intention, la Loi l'interprete de la maniere la plus favorable pour la fille. Le frere, par une vente pure & ſimple, explique, au contraire, l'intention qu'il a de ne donner à ſa ſœur qu'une Légitime, puiſqu'il cede toute propriété à l'acquéreur, avec la moindre diminution poſſible du profit que la vente peut lui procurer (1).

(1) Voyez la Section XIV. de ce Chapitre.

SECTION II.

Les Filles n'ont qu'une Légitime, au lieu de part, en succession directe.

ARTICLE 249.

Les Filles ne peuvent demander ni prétendre aucune partie en l'héritage de leurs pere & mere contre leurs freres ne contre leurs hoirs; mais elles leur peuvent demander mariage avenant.

Elles peuvent : ces expressions prouvent que quand même les freres trouveroient plus d'avantages à leur abandonner part en la succession, ils n'y seroient reçus qu'autant qu'elles y consentiroient; c'est la disposition de l'Art. XLVII du Réglement de 1666.

SECTION III.

Les Filles peuvent être mariées pour rien par leurs pere & mere.

Article 250.

Le pere & la mere peuvent marier leur fille de meuble ſans héritage, ou d'héritage ſans meuble : & ſi rien ne lui fut promis lors de ſon mariage, rien n'aura.

Le pere & la mere ne ſont pas tellement égalés par cet Article, qu'ils aient le même pouvoir; car le pere, en mariant ſa fille du vivant de la mere, ou après qu'elle eſt décédée, l'exclut de toute part en ſa ſucceſſion & en celle de ſon épouſe, s'il y a des freres. Au lieu qu'après la mort du pere, la mere ne peut, en mariant sa fille, la priver de sa légitime sur la succession de son époux, sans une stipulation expresse.

Si un pere, par caprice, refusoit de marier sa fille, le Juge en connoissance de cause pourroit l'obliger à la doter: Arrêt du 18 Juillet 1607, rapporté par Bérault. La fille âgée de 25 ans peut aussi, après des sommations respectueuses, obliger son pere à lui donner une dot porportionnée à sa fortune: Arrêt de 1613, rapporté par Godefroi. De ce qu'un pere & une mere peuvent ne rien donner à leurs filles en les mariant, il suit qu'ils ne sont pas garants de ce qu'ils lui donnent, à moins qu'ils ne se constituent en rente, car alors ils changent leur obligation. Ce ne font plus de fimples aliments qu'ils accordent, c'eft un immeuble qu'ils cedent. Ainfi lorfque le pere ne réferve rien à fa fille fur le mobilier qu'il lui donne en mariage, tout eft réputé don mobil au profit de l'époux : Art. LXVI du Réglement de 1666 ; Arrêt du 26 Août 1751. Il en feroit autrement fi le pere donnoit un fonds de terre à fa fille ; car par fa nature l'immeuble ne peut appartenir en propriété à un tiers fans une ceffion expreffe.

Il ne paroît pas raifonnable que le mari ait la liberté de doter fa fille fortie d'un premier mariage, de conquêts en bourgage au préjudice du douaire d'une feconde femme ; car la part du mari aux conquêts faits avec une premiere épouſe ; eſt un propre à l'égard de la ſeconde : il peut ſeulement donner ſes conquêts de bourgage en dot à ſa fille en exemption de la part que ſa femme avec qui il les a faits, pourroit y prétendre, puiſqu'il lui eſt permis de les aliéner à un étranger ſans le conſentement de ſon épouſe.

SECTION IV.

Ce que les Freres doivent & peuvent donner à leurs Sœurs en les mariant.

ARTICLE 251.

LES freres peuvent comme leurs pere & mere marier leurs sœurs de meuble sans héritage ou d'héritage sans meuble, pourvu qu'elles ne soient déparagées, & ce doit leur suffire.

LES freres : le Texte ne dit pas le *frere*, parce que tous les freres sont solidaires pour le paiement & la garantie du Mariage de leur sœur. Suivant les Arrêts rapportés par Banage, cette garantie va jusqu'à obliger les freres à reprendre la rente

rente par eux donnée à la sœur, lorsque le débiteur devient insolvable : Arrêt du 11 Avril 1646. En ce cas, c'est donc aux freres à discuter les immeubles de l'obligé. Cependant il ne faut pas conclure de ce que les freres sont garants du mariage de leur sœur, qu'ils soient nécessités de lui donner, en la mariant, une dot parfaitement égale à ce qui lui revient pour sa légitime : pourvu que les freres procurent à leurs sœurs un parti honnête, ils sont quittes, quelle que soit la quotité de la rente ou des effets qu'ils lui donnent en dot ; mais il faut alors qu'il paroisse par le Contrat, que l'intention de la sœur, en se mariant, a été de se regarder comme suffisamment dotée ; car si le Contrat faisoit entrevoir qu'elle a entendu qu'on lui donna tout ce qui devoit lui appartenir pour légitime, en ce cas, en prouvant à ses freres que ce qu'elle a reçu n'équivaut pas à sa légitime, elle les forceroit à y suppléer; ce qui s'infere des Arrêts du 1 Août 1628 & du 14 Avril 1666, rapportés par Banage Dans l'espece du premier, la sœur n'avoit point été déparagée, & son mari & elle s'étoient contentés de la dot promise par le frere; & dans l'espece de l'autre, en transigeant avec son frere avant son mariage, la sœur avoit manifesté l'intention où elle étoit de ne rien perdre de ses droits. Au reste, soit que la dot promise à la sœur par ses freres, en la mariant, la remplisse ou non de la valeur à laquelle sa légitime auroit pu être portée, les freres ont grand intérêt de ne pas payer cette dot à leurs beaux-freres, lorſqu'ils n'ont pas de biens ſuffiſants pour la remplacer; car après la mort de ſon époux, la ſœur auroit un recours direct ſur eux, pour en être payée; & quand même ils lui auroient racquitté cette dot, s'il arrivoit qu'elle fût ſéparée de biens, ils ne ſeroient point pour cela exempts de ce recours: Arrêt du 18 Mars 1750.

Pour que les freres ſe liberent valablement de la dot, conſtant le mariage, il faut que l'époux de leur ſœur leur donne remplacement ou caution, ou qu'ils ſe faſſent autoriſer de conſigner: Arrêt du 12 Mai 1756. C'eſt par une ſuite de ce principe, que ſi un frere eſt décrété en ſes biens, & doit une dot à ſa ſœur, elle ni ſon mari ne peuvent en recevoir le capital qu'en donnant caution, ſuivant l'Arrêt du Parlement rendu en Réglement le 19 Juin 1724.

SECTION V.

APRÉS ſon mariage, la Fille ne peut rien demander à ſes Freres, outre ce qu'on lui a promis; mais les pere & mere peuvent lui donner, conſtant le mariage, un ſupplément de Légitime.

ARTICLE 252.

LA fille mariée par ſon pere ou mere ne peut rien demander à ſes freres pour ſon mariage, outre ce qui lui fut par eux promis quand ils la marierent; & ſi d'ailleurs aucune choſe lui a été promiſe en mariage, ceux qui l'ont promis, ou leurs hoirs, ſont tenus le payer, encore qu'ils ne fuſſent tenus la doter.

1°. QUAND une fille est mariée par son pere, elle ne peut demander rien à ses freres ; si donc le pere de cette fille n'eût point eu en la mariant, notoirement & légalement cette qualité de pere, parce qu'il n'auroit point encore contracté mariage avec la mere de sa fille, ce ne seroit point là l'espece proposée par cet Article ; & après le mariage de son pere, la fille pourroit dans la suite prétendre contre ceux que ce mariage lui donneroit pour freres, sa légitime : Arrêt du mois de Décembre 1725, rapporté par Bérault.

2°. De ce que, suivant l'Article 252, il est seulement interdit à la fille de demander rien à ses freres après qu'elle a été mariée par ses pere & mere, il suit qu'il ne lui est pas interdit de recevoir de ſeſdits pere & mere quelques deniers ou rentes après ſon mariage ; mais ces objets ne peuvent excéder ce à quoi ils auroient pu évaluer ſa légitime en la mariant, parce que dès que les pere & mere n'ont pas réſervé par le Contrat de mariage leur fille à partage, ſon état de légitimaire eſt invariable.

SECTION VI.

LES Filles n'ont rien à prétendre ſur les ſucceſſions de leurs Aïeux, qui échéent après le mariage.

ARTICLE 253.

FILLE mariée ne peut rien demander à l'héritage de ſes antéceſſeurs, fors ce que les hoirs mâles lui donnerent & octroyerent à ſon mariage.

CET'Article n'eſt pas une répétition inutile du précédent. Si, après le mariage de la fille, ſon aïeul ou ſon aïeule décede, elle ne peut réclamer ſur leur ſucceſſion, que ce qu'ils lui ont promis. Ils ont au au reſte, comme le pere & la mere, droit de lui donner, poſtérieurement au mariage, ſur leurs biens, ce qu'en la mariant ils auroient pu lui accorder pour légitime.

SECTION VII.

DONS excessifs d'immeubles faits aux Filles par Pere & Mere, réductibles.

ARTICLE 254.

SI pere & mere ont donné à leurs filles, soit en faveur de mariage ou autrement, héritages excédans le tiers de leur bien, les enfans mâles le peuvent révoquer dans l'an & jour du décès de leursdits pere & mere, ou dans l'an & jour de leur majorité; & se doit faire l'estimation dudit tiers eu égard aux biens que le Donateur possédoit lors de ladite donation: & où la donation seroit faite du tiers des biens présens & à venir, l'estimation dudit tiers se fera eu égard aux biens que le Donateur a laissez lors de son décès.

1°. Il faut bien distinguer les dons faits aux filles, lors de leur mariage, en meubles, de ceux faits en immeubles; s'ils ne consistent qu'en mobilier, & que l'époux de la fille en soit saisi, on ne peut l'obliger à le rapporter à quelque somme qu'il monte: au contraire, si le don est en héritages ou rentes, il ne peut excéder le taux de la légitime de la Donataire; mais afin que le don soit réduit *ad legitimum modum*, il faut, 1°. que la réduction soit demandée par les freres dans l'an & jour de leur majorité ou de la mort des pere & mere.

2°. Qu'avant de demander cette réduction, les freres aient fait bon

& loyal inventaire des titres & meubles de la succeſſion, appellées les sœurs ou leurs époux : Art. XLVIII du Réglement de 1666: Car s'ils ſe ſont emparés de quelques effets de cette ſucceſſion, ou s'ils ſe ſont mis dans l'impuiſſance d'en indiquer préciſément la valeur, ils ne ſont plus reçus à ſe plaindre de l'excès de la donation : Arrêt du 12 Décembre 1596.

3°. Si le frere eſt décédé & laiſſe des enfants mineurs lors de l'ouverture de la ſucceſſion de leur aïeul, le tuteur de ces mineurs doit intenter en leur nom l'action en réduction dans l'an du jour du décès de l'aïeul, à faute de quoi il devient ſuſceptible du tort que ſa négligence leur fait éprouver: Arrêt du 9 Mars 1656.

4°. Pour réduire la donation, il convient d'eſtimer les biens des pere & mere, & cette eſtimation doit être faite par les parents, eu égard à leur valeur au temps de la donation, parce que toute liquidation de légitime eſt une opération confiée par la Loi à la famille ; & ſi le pere, depuis le don, a éprouvé une diminution conſidérable en ſa fortune, la fille n'en doit pas ſouffrir ; ſa légitime doit être réglée ſur le pied des biens que le pere poſſédoit lorſqu'il l'a mariée ; le Texte eſt à cet égard clair & ſans équivoque.

5°. Quoique les pere & mere ne puiſſent eux-mêmes demander que les dons qu'ils ont faits à leurs filles ſoient réduits, cependant ſi après les dons faits, ils abandonnent leurs héritages à leurs autres enfants, ceux-ci peuvent poursuivre leurs sœurs ou beaux-freres en réduction, du vivant des Donateurs: Arrêts des 16 Mai 1634, 28 Janvier 1670, & 12 Mai 1676; à moins que les filles ne fussent donataires d'une rente sur les biens présents & à venir de leurs pere & mere, car alors jusqu'à leur décès l'action en réduction seroit suspendue: Arrêts des 6 Avril 1607, & dernier Mars 1620.

6°. Les filles ou leurs maris, durant la vie des pere & mere, ont le droit d'agir en recours de l'éviction qu'ils éprouvent, sur les meubles & sur les jouissances de ces derniers; mais il est rare que des pere & mere qui cedent tout leur immobilier ne prennent pas des précautions pour tenir ſecretes les conventions faites entr'eux & les Ceſſionnaires, pour ſe conſerver la ſubſiſtance ; en ce cas donc, un gendre trompé, a la faculté d'approfondir s'il y a des conventions, quelles en ſont les clauſes, par toutes voies de droit ; & ſi la ceſſion n'a évidemment pour but que d'augmenter l'aiſance des enfants non mariés, ſans qu'elle ſoit eſſentielle au pere pour qu'il ſubſiſte, elle ne mérite aucune faveur.

SECTION VIII.

DONS de meubles excédants la Légitime, réductibles.

ARTICLE 255.

ET s'ils ont promis au mariage de leurs filles, or, argent ou autres meubles, qu'ils soient encore dûs lors de leur décès, les enfans ne seront tenus les payer après la mort desdits pere & mere, sinon jusqu'à la concurrence du tiers de la succession, tant en meuble qu'héritage.

CECI confirme ce que nous avons ci devant observé : on ne peut faire réduire la donation mobiliaire faite par les pere & mere à la fille, quand l'argent ou les effets lui ont été délivrés ; mais s'ils sont dus au temps du décès des pere & mere, les freres sont en droit, en tel temps que ce soit, d'opposer à la demande que la fille forme du complément de la promesse qui lui a été faite, que cette promesse doit être réduite à la légitime ; & comme la valeur des meubles des Donateurs ne peut être connue qu'après leur mort, pour estimer ce à quoi la réduction doit être fixée dans le cas de cet Article, il faut évaluer la succession totale tant en meubles qu'immeubles à l'époque du décès.

La réduction autorisée par cet Article & par le précédent, peut être demandée, suivant le Texte, par les freres, quoiqu'héritiers de leurs pere & mere, puisque ce

Texte ne les oblige point à renoncer à cette qualité ; mais il ne ſuit pas de là qu'une fille ayant aliéné un immeuble avant la demande en réduction formée, les freres fuſſent fondés à en dépoſſéder le tiers acquéreur, ſi la ſœur ou ſon époux étoient hors d'état de les récompenſer de l'excès de la donation qui leur auroit été faite ; car la Coutume n'accorde que le droit de *révoquer* la donation, & non de *l'annuller. La révocation* ſuppoſe que l'objet donné ſubſiſte encore entier en la main des Donataires, en nature ou en équivalent ; autrement il arriveroit que les filles, durant leur mariage, ne pourroient jamais aliéner leurs biens du conſentement de leurs époux, ou ne les aliéneroient qu'à vil prix, (ce qui cependant leur eſt permis par l'Article 538 de la Coutume). Les Acquéreurs auroient en effet perpétuellement à redouter le riſque d'être dépoſſédés, & la fille ſeroit toujours en doute ſur la validité du don qui lui auroit été fait.

SECTION IX.

LA Légitime des Filles consiste au tiers des Successions paternelles & maternelles.

ARTICLE 256.

LES filles n'ayant été mariées du vivant de leurs pere & mere, pourront demander part audit tiers.

CET Article étoit essentiel pour prévenir la fausse conséquence qu'on auroit pu tirer des Articles 250 & 252. Ces Articles sembloient n'accorder à la fille une Légitime, qu'autant qu'elle lui avoit été accordée par ses pere & mere lors de son mariage; & celui-ci nous enseigne que la fille, quoique non mariée par ſes pere & mere, n'eſt pas pour cela exclue d'une part au tiers deſtiné pour la Légitime de toutes les filles. En effet, cette Légitime a deux motifs différents ; leur ſubſiſtance & leur établiſſement. Le premier eſt rempli, au moyen de ce que cette Légitime, tant qu'elles reſtent filles, n'eſt que viagere ; & le ſecond, en ce que la Légitime leur appartient, après le mariage, propriétairement. Il eſt bon d'obſerver que la Coutume, dans toutes ſes diſpoſitions à l'égard des filles, dit qu'elles ne doivent avoir que le tiers des ſucceſſions de leurs pere & mere, & que ce tiers s'entend d'un tiers de ce qui revient à tous les freres, leur contribution à la Légitime de leurs ſœurs défalquée ; & c'eſt de là que l'on a tiré le principe que toutes les filles ont le tiers, pourvu que chaque fille n'ait pas plus qu'un cadet.

SECTION X.

Les Pere & Mere peuvent réserver leurs Filles à partager leurs successions.

Article 258.

Le pere peut, en mariant ses filles, les réserver à sa succession, & de leur mere pareillement.

Article 259.

La mere aussi, après le décès de son mari, peut, en mariant sa fille, la réserver à sa succession : mais elle, ni pareillement le tuteur, ne peuvent bailler part à ladite fille, ni la réserver à la succession de feu son pere ; ains seulement lui peuvent bailler mariage ave-

nant, par l'avis de parens, à prendre sur ladite succession.

ARTICLE 260.

Fille réservée à la succession de ses pere & mere, doit rapporter ce qui lui a été donné ou avancé par celui à la succession duquel elle prend part, ou moins prendre.

L'EFFET de la réserve à partage est, aux termes de l'Art. XLIX du Réglement de 1666, que *les filles admises à la succession, partagent les meubles également avec leurs freres*; car, suivant l'Article LI du même Réglement, *elles n'ont part aux meubles ni aux héritages situés en bourgage, que lorsqu'elles sont admises à partage.* Et en effet, *n'y étant pas admises, lors de l'arbitration*

tion de leur mariage avenant, lesdits meubles en Bourgage ne sont considérés que comme les autres biens situés hors Bourgage.

Ces dispositions ont donné lieu à bien des difficultés : 1°. quant à la forme de la réserve à partage ; 2°. en ce qui touche les effets de cette réserve. On doit regarder comme certain sur la forme, que la réserve peut être faite par testament olographe ou devant Notaires, par donation entre-vifs, par contrats de mariage ou par tout autre Acte, pourvu que l'intention du pere y soit clairement exprimée. Les seuls mots, *je réserve ma fille à ma succession*; suffisent. Admettre une fille à succéder, c'est effectivement lui donner le droit de partager ; l'Arrêt du 26 Décembre 1755 l'a décidé. La Cour avoit jugé qu'une réſerve de la fille *à recueillir ce qui pourroit lui compéter & appartenir*, n'étoit pas une réſerve à partage ; parce que ces expreſſions n'emportent pas après elles néceſſairement l'idée d'une admiſſion à partager l'hérédité. De droit, la fille n'a qu'une Légitime; voilà ce qui lui *compete*; il faut donc que la réſerve du pere manifeſte l'intention où il eſt de déroger à la Loi commune. Le pere, quoique remarié, a le droit de réſerver ſa fille ſortie de ſa premiere femme, à la ſucceſſion de ſa mere, par la raiſon que tant que le pere exiſte, il eſt le dépoſitaire & l'exécuteur des intentions de la mere pour l'établiſſement de leurs filles, & qu'il eſt convenable souvent qu'il ne les manifeste qu'au moment où l'établissement s'effectue : Arrêt du 13 Mai 1778, entre Marie-Anne Viard & ses freres. En cela les freres ne sont point préjudiciés ; ce n'est qu'autant que le pere ne réserve pas sa fille, qu'elle est réduite à une simple Légitime. Les Acquéreurs des freres ne sont pas trompés ; ils ne peuvent ignorer le pouvoir que le pere tient de la Loi.

Quoique la réserve à succession donne part à la fille en propriété dans les immeubles, cependant il faut excepter de cette regle, les réserves qui frappent sur des Fiefs, & peut-être sur les biens de Caux. Voyez ce qui est dit à cet égard, ci-après, sur l'Article 297, Chapitre II.

Les effets de la réserve à parrage sont aussi faciles à concevoir, que sa forme est simple.

Dès que, comme le Réglement de 1666, Article LI, nous l'apprend, la réserve rend les filles héritieres, il est conséquent qu'elles rapportent, en partageant avec leurs freres, les avancements qui leur ont été faits. Le rapport se fait à la succession du pere, lorsque l'avancement n'a consisté qu'en meubles; parce que les meubles appartiennent au mari. Il en est autrement lorsque l'avancement a consisté en immeubles, le rapport n'en doit être fait qu'à la succession de laquelle ils sont provenus.

Quoique les filles acquerent par la réserve l'égalité avec leurs freres, quant au pouvoir de dispofer de la propriété des biens qui leur échéent, elles n'obtiennent cependant point pour cela l'égalité du fexe; car un Arrêt du 9 Décembre 1715, a jugé qu'une fille réfervée ne peut prétendre rien fur les manoirs de campagne, qu'autant que fes freres en laiffent, après en avoir chacun pris un pour préciput. C'eft auffi par la même raifon que les filles font lots, quoique plus âgées que leurs freres. L'ainé, dans une fucceffion où il n'y a qu'un Fief, peut le prendre par préciput, en abandonnant les rotures aux cadets; mais le Fief étant retranché de la fucceffion, la fille ne peut pas, quoique réfervée, demander moitié fur le furplus; elle n'y a qu'un tiers: Arrêts des 6 Août 1725 & 28 Mai 1746. Le principe de ces Arrêts, eſt que ſi l'ainé abandonne les rotures, ce n'eſt pas pour augmenter les droits des filles; mais pour ſoutenir la dignité de ſa maiſon, ſans altérer les parts des cadets, qui peuvent contribuer d'une maniere plus directe que les filles à en conſerver l'éclat.

La réſerve à partage attribue donc aux filles, en Normandie, des prérogatives; mais elles ſont reſtraintes par la préférence que la Coutume de cette Province qui eſt toute féodale, donne aux mâles ſur la poſſeſſion des biens qui anciennement étoient régis par la Loi des Fiefs.

Auſſi quand il s'agit de biens en Bourgage ou de meubles, les privileges attribués à la masculinité disparoissent. Ces biens se partagent indistinctement entre les sœurs & les freres : quand je dis que les biens-meubles & de Bourgage se partagent indistinctement entre les freres & les sœurs, c'est-à-dire, que chaque sœur réservée y a une part égale à celle des freres, qu'ils partagent entr'eux par tête; mais cette part ne se trouve pas augmentée par celle que les sœurs mariées, non reservées auroient eu sur la succession à titre de légitime ; la part des filles établies revient au profit des freres, non à droit successif, car les freres la prennent lors même que leurs sœurs sont vivantes & ont des enfants; les freres l'ont à leur propre droit, parce que les filles Normandes quoiqu'elles sont héritieres de leurs pere & mere, ne le sont que pour la portion de biens qui leur est personnelle, & elles ne le sont pas des portions auxquelles leurs sœurs, cessant la volonté du pere, auroient pu prétendre. Au reste elles n'ont pas lieu de se plaindre de cette disposition : la Coutume de Normandie ne reconnoît d'héritiers des sœurs décédées que les freres ; or, il n'y a pas plus d'inconvénient que les freres succedent à la part de leurs sœurs mariées, qu'à la part de celles qui meurent. Il y a plus : les sœurs, avant leur décès ou avant leur mariage, n'auroient eu, n'étant point réservées, que l'usufruit de leur légitime, la succession ne leur devant que la subsistance ;

ſiſtance ; & la propriété de la ſucceſſion auroit appartenu en ce cas excluſivement aux freres : donc après le mariage, c'eſt-à-dire, après que le pere s'eſt acquitté de l'obligation de fournir à une de ſes filles le moyen de ſubſiſter, les freres reſtent de droit propriétaires de la ſucceſſion du pere, ou à la charge de la légitime des autres ſœurs qui ne ſont ni mariées, ni réſervées, ou à celle de donner aux filles qui ſont réſervées ſans être établies, la part que le pere a déſignée par la réſerve devoir leur appartenir.

SECTION XI.

QUAND les Filles mariées font-elles part au profit des Freres, & à quelles conditions?

ARTICLE 257.

FILLE mariée avenant que ses sœurs soient reçues à partage, fait part au profit de ses freres, pour autant qu'il lui en eût pu appartenir au tiers dû aux filles pour leur mariage, encore qu'il ne lui fût rien dû lors du décès de ses pere ou mere.

ARTICLE 362.

Filles mariées, encore qu'elles ne reviennent à partage, si elles n'y ont été expressément réservées, si est-ce qu'el-

les ſont part d'autant qu'il leur en appartiendroit au profit des héritiers, telles comme ſi elles avoient eu partage au lieu de mariage.

Les freres, comme on vient de l'obſerver en la Section précédente, acquierent par le mariage de leurs ſœurs la propriété de la ſucceſſion déchargée de ce mariage; mais ils ne peuvent s'éjouir de cette propriété, lorſque les ſœurs reſtées filles ſont réſervées à partage, qu'en rapportant à la maſſe de la ſucceſſion ce qui a été donné aux ſœurs mariées en faveur du mariage, quand elles ſont part à leur profit: Article L du Réglement de 1666.

C'eſt-à-dire, que le profit des freres doit conſiſter en ce qu'ils ne rapportent que la valeur de ce à quoi auroit monté la légitime des filles mariées, si elles ne l'eussent pas été, & rien au-delà, tandis que suivant l'Article 362, ils prennent, à cause de la décharge du mariage de chacune des filles mariées, une part équivalente à celle qui auroit appartenu à ces filles, si au lieu d'être légitimaires, elles eussent eu partage. Ainsi dans une succession consistante en Bourgage ou en meubles, s'il y a des filles mariées, & des filles non mariées réservées à partage, les freres ne prennent pas pour le *profit* qui leur revient par le mariage de leurs sœurs qui sont établies, la portion légitimaire qui auroit appartenu à ces sœurs mariées, si elles ne l'eussent pas été;

mais ils levent une part égale à celle revenante à leurs sœurs réservées à partage : & l'Article 257 ne contredit pas cette disposition de l'Article 362.

Les Réformateurs ont, dans l'un comme dans l'autre, établi cette regle, que les freres profitent par le mariage de leurs sœurs de l'exemption de leur mariage sur toute espece de part qu'elles auroient pu prétendre en la succession de leurs pere & mere, & que la propriété de cette part reste entiere aux freres, avec cette différence seulement que dans l'Article 257, étant question de propres situés hors Bourgage, (car cet Article est placé sous le titre de succession en propre) les filles même réservées n'y pouvant avoir qu'un tiers, le profit des freres ne consiste qu'en la propriété nette de la part des filles mariées, à ce tiers ; au lieu que par l'Article 362 qu'ils ont inséré dans le Chapitre de *partage d'héritage*, ce partage pouvant comprendre des meubles & du Bourgage, aussi-bien que des propres, ces Réformateurs se sont trouvés nécessités de donner une regle générale pour fixer le profit appartenant aux freres à cause du mariage de leurs sœurs sur cette derniere espece de biens. Et cette regle est qu'en partage de toute espece de biens entre les freres & leurs sœurs non mariées réservées à partage, le profit des freres est pour autant qu'il y a eu de filles mariées, de la propriété d'une part telle que chacune d'elles auroit pu l'avoir ſur les diverſes ſortes de biens de la ſucceſſion, ſi elle y eût été réſervée ; & c'eſt ce qui a été décidé dès 1521, par un Arrêt du 17 Février, rapporté par Terrien, L. VI, Ch. IV, & confirmé par les deux Arrêts de Brice, cités par Bérault ſous les dates des 14 Janvier 1613, & 17 Juillet 1617. Il eſt vrai que l'Arrêt rendu dans la cauſe du ſieur le Doux de Broſſeville & les Demoiſelles ſes ſœurs, en 1718, a paru à pluſieurs autoriſer la maxime contraire ; mais cette apparence ſe diſſipe lorſqu'on réfléchit ſur le prononcé de cet Arrêt : il déboute purement & ſimplement le ſieur de Broſſeville de ſon *oppoſition*, ſans doute à cauſe de quelques vices de forme, car la

Cour a depuis persévéramment suivi la maxime consacrée par les Arrêts antérieurs. D'après les principes que l'on vient de poser, la liquidation de la légitime des filles non mariées, lorsqu'il y a des sœurs mariées qui font part au profit des freres, n'offre plus de difficultés : en effet, pour liquider le mariage avenant des sœurs non mariées, il suffit de rechercher d'abord à quel capital monte la portion de légitime revenante à chaque fille dans la masse réelle de la succession, en comptant au nombre des filles celles qui sont mariées.

Ensuite il faut ajouter à cette masse la part que chaque fille mariée, si elle ne l'étoit pas, auroit pour sa portion de légitime, ou ce qu'elle a eu en mariage, ſi ce qu'elle a eu eſt moindre que la portion légitimaire qui lui auroit appartenu ſi elle fût reſtée fille; puis ſur ce total liquider le mariage avenant des filles. Cette liquidation faite, les freres levent les parts des ſœurs mariées, le ſurplus reſte à celles qui ne le ſont pas; & chaque frere contribue au reſte au marc la livre de ce qu'il prend dans la ſucceſſion. Il eſt d'obſervation que cette regle s'applique aux ſucceſſions, de quelqu'eſpece de biens qu'elles ſoient composées, pourvu que la liquidation ſe faſſe ſur chaque eſpece de biens ſéparément; c'eſt-à-dire, ſur les meubles & le Bourgage à part, & ſur les immeubles de Coutume générale, ceux de

Caux, ou ſur les Fiefs, auſſi à part.

EXEMPLES.

Un pere a marié deux filles, & leur a donné à chacune 10,000 liv.

Il laiſſe deux garçons & une fille non mariée; ſa ſucceſſion eſt

de	150,000 l.	0 ſ.	0
Commencez par tirer le tiers de cette derniere ſomme, ci .	50,000	0	0
Et vous aurez la part des trois ſœurs, dont chacune aura . .	16,666	13	4

Or, comme les freres ne doivent rapporter que ce que les filles ont eu en mariage, lorſqu'elles ont eu moins que leur Légitime, le rapport des freres, au lieu d'être de 16,666 liv. 13 ſ. 4 den. dans l'eſpece propoſée, ne doit être que de 10,000 liv. pour chaque ſœur mariée ; il faut donc ajouter 20,000 liv., aux 150,000 liv. & porter le total de la ſucceſſion

à	170,000 l.	0 ſ.	0
Dont le tiers étant de . .	56,666	13	4
Le neuvieme pour la fille à marier ſera de .	18,888	17	9
Et cette ſomme étant diſtraite de . .	150,000	0	0
Il reſtera aux freres . . .	131,111 l.	2 ſ.	3

SECOND EXEMPLE.

Un pere a marié une fille ; il laisse deux garçons & une fille à marier.

Sa succession consiste en meubles en Bourgage, de 24,000 liv.

Et en immeubles de Caux . . . . 24,000 liv.

En ce cas il convient de dire d'abord le tiers des 24,000 liv. de meubles appartient aux deux filles ; c'est pour chacune 4000 liv.

Il faut que les freres rapportent cette somme, & fixent la succession à . . . . . 28,000 l. 0 s. 0

Dont un sixieme pour la fille mariée, est de . 4666 13 4

Ensuite après avoir cherché ce qui revient à chaque fille sur le Caux, dans la Table qui termine ci-après le Chapitre VII de ce Traité, on ajoute la part que cette Table donne à l'une des filles, à la masse réelle de la succession en Caux; & de cette masse on donne la quotité indiquée par cette Table à la fille non mariée, & cette quote-part étant ajoutée à la Légitime de la fille sur le meuble, on a la totalité de son mariage avenant.

Ainsi, suivant la Table, il revient dans le cas actuel à chaque fille, un huitieme de 24,000 liv. ci . . . . 3,000 liv.

On fait donc rapporter cette somme aux freres, & la

ſucceſſion ſe trouve être de . .	27,000 l.	0 ſ.	0
Dont la fille à marier, pour ſon huitieme, prend	3,375	0	0
Et cette ſomme ajoutée à ſa Légitime ſur le meuble, qui eſt de . .	4,666	13	4
Porte ſon mariage avenant à .	8,041 l.	13 ſ.	4

On ne parle point ici des filles Religieuſes, ni de celles qui ayant été mariées & dotées, ſont décédées avant leurs peres, parce que, 1°. l'Article 257 ne donne au profit des freres la part des filles, qu'autant qu'elles ſont *mariées*; & que, 2°. il parle des filles mariées, ſans diſtinguer les vivantes de celles qui ſont décédées.

Et pour rendre ſenſible l'équité de la diſpoſition de la Coutume ſur ces deux points, il ſuffit de conſidérer que lorſque le pere donne à ſa fille pour ſon *entrée* en religion, il exempte par ce don ſes fils de toutes obligations envers elle pour l'avenir ; car de l'inſtant qu'elle eſt liée au Monaſtere, elle eſt morte au monde, retranchée de la famille, & ne peut rien exiger que de la Communauté en laquelle elle s'eſt conſacrée à Dieu ; à la différence des filles mariées, qui lors même qu'elles décedent avant le pere, laiſſent leurs freres expoſés à la tutele des enfants qui ſont nés d'elles, ou de ceux des autres ſœurs, ou à toutes autres charges de familles, dont les filles, leurs époux ou leurs enfants ne sont susceptibles qu'au défaut de postérité des freres.

D'ailleurs si la fille mariée décédée avant son pere ne faisoit point part au profit de ses freres, il arriveroit que le don mobil qu'elle auroit fait à son époux, ou la jouissance qu'il auroit de sa dot à droit de viduité, seroient une perte pour les freres ; & que les sœurs auroient plus du tiers de la succession ; puisque celles qui resteroient filles enleveroient le tiers entier déchargé de la portion dont l'époux de leur sœur mariée auroit la jouissance ou la propriété. Aussi par Arrêt du 21 Mars 1776, a-t-il été décidé que la fille mariée décédée

décédée avant ſon pere, fait part au profit de ſes freres. La queſtion s'étoit élevée entre le ſieur Anſrie & le ſieur Henry ſon beau-frere. Au ſurplus, s'il étoit dû à la fille Religieuſe quelque ſomme ou rente pour ſa dot, le débet ſeroit prélevé non ſur la maſſe totale de la ſucceſſion, mais ſur le tiers deſtiné pour toutes les filles par la Coutume. Voyez Banage, Article 257.

EXEMPLE.

Un pere a donné en mariage à ſa fille 12,000 livres ; il en a fait une Religieuſe, & il doit encore 3000 liv. au Monaſtere ; il laiſſe un garçon, une fille non mariée, & ſeulement 30,000 livres de bien.

LIQUIDATION.

Succeſſion, . . .	30,000 liv.		
Le tiers pour les filles eſt de	10,000 l.		
Sur ce tiers, prélevez les reſtantes dues pour la Religieuſe.	3,000	0	0
Et il reſtera	7,000 liv.		
C'eſt-à-dire, pour chaque ſœur	3,500		

Le frere ſera donc tenu, pour avoir la part de la ſœur mariée à ſon profit, de rapporter cette ſomme, & d'en augmenter la maſſe, qui alors ſera de 33,500 liv.

Dont le tiers pour les filles ſera de	11,166 l.	13 ſ.	4
Or, en prélevant ce qui reſtera dû à la Religieuſe . .	3,000	0	0
Ce tiers ſe trouvera réduit à	8,166 l.	13 ſ.	4
Dont la fille à marier aura moitié pour ſa Légitime, ci	4,083	6	8

SECTION XII.

Les Filles sont en la garde des Freres jusqu'à 21 ans.

Article 261.

Après le décès du pere, les filles demeurent en la garde du fils ainé: & si lors elles ont atteint l'âge de 20 ans, & demandent mariage, les freres les peuvent garder par an & jour, pour les marier convenablement & les pourvoir de mariage avenant.

La garde des freres n'a lieu qu'autant que la mere est décédée ou remariée.

Le mot de *partage* que la fille peut demander à 20 ans, est le *partage* de la légitime, c'est-à-dire, la part & portion qui lui en appartient.

Tant que la fille mineure ou n'ayant pas encore 25 ans reste chez son frere, y est nourrie & entretenue, elle ne peut lui demander paiement d'aucuns arrérages de sa légitime; mais après 25 ans, lorsqu'elle n'a point été à la charge de ses freres, ces arrérages ne peuvent lui être refusés: Arrêt du 9 Août 1724.

SECTION XIII.

QUI doit estimer le mariage avenant ?

PRÉROGATIVES de ce droit.

ARTICLE 262.

MARIAGE avenant doit être estimé par les parens, eu égard aux biens & charges des successions des pere & mere, aïeul ou aïeule, ou autres ascendans en ligne directe tant seulement, & non des successions échues d'ailleurs aux freres; & doivent ceux qui feront ladite estimation, faire en sorte que la maison demeure en son entier, tant qu'il sera possible.

ON doit y ajouter l'Article LII

du Reglement de 1666, qui veut *que la liquidation du mariage avenant soit faite sur le pied du revenu des héritages, sans mettre en considération les hauts bois & bâtiments, sinon en tant qu'ils augmentent le revenu, & que les terres nobles ne soient estimées qu'au denier vingt.*

Comme le Chapitre VII de ce Traité est consacré à donner la méthode de liquider les *mariages avenants*, on ne doit s'attacher ici qu'à pénétrer les principes généraux dont la connoissance doit précéder la liquidation, ou qui indiquent la nature particuliere du droit de légitime.

1°. Les parents sont seuls Arbitres & Juges de la quotité du mariage avenant; les filles ne sont donc pas fondées à demander à leurs freres, l'état des successions de leurs pere & mere, (car les freres ne doivent qu'un état de ces successions, & non un inventaire, sauf la preuve de l'inexactitude de l'état); c'est aux parents que le détail des forces & charges des successions doit être remis. Un Arrêt du 10 Décembre 1723, rapporté par M. Roupnel de Chenilly dans ses excellentes Notes sur Pénelle, a cassé une Sentence qui avoit ordonné au frere de présenter en justice un état, & d'en communiquer les pieces justificatives.

2°. Les parents doivent savoir des filles si elles demandent leur mariage avenant ou du jour du décès de leurs pere & mere, ou du jour de leur mariage, selon l'option qu'elles font de l'une de ces deux époques ; si l'on n'a point pour guide des Baux faits par le pere, ou si les Baux sont suspects, on estime les biens, même les fiefs, au denier vingt du revenu, *sans mettre*, aux termes de l'Article 52 des Placités, *en considération les bois de haute-futaie*, les droits honorifiques, les bâtiments & autres décorations, à moins qu'elles n'augmentent le revenu ; on déduit ensuite de la masse, les charges, & l'estimation faite, les freres & les sœurs en supportent en commun la dépense, *ratione emolumenti*.

3°. Quoique le mariage avenant ne donne point à la fille, tant qu'elle ne s'établit pas, droit de propriété, & qu'il soit inaliénable

ble, cependant il a bien des privileges ſemblables à ceux de la propriété ; puiſque pour s'en faire payer, la fille a le droit d'envoi en poſſeſſion des fonds qui y ſont affectés, ſans être obligée de les faire ſaiſir réellement : Art. CXXII du Réglement de 1666. D'ailleurs elle en peut exiger vingt-neuf années d'arrérages, & le mariage avenant devient irracquittable après quarante ans, tant que les freres le doivent, ſuivant l'Art. 524 de la Coutume : cependant ſi la fille le remplace ſur les biens de ſon mari, ou le tranſporte à un étranger durant les quarante années, alors la rente due par ces derniers, eſt purement hypotheque; ce n'eſt plus que l'intérêt d'une ſomme aliénée dont on ne peut exiger que cinq ans d'arrérages.

4°. Les deniers ou la rente qui forment la constitution du mariage avenant, sont dûs solidairement par tous les propres que les freres possèdent ; ensorte qu'après eux, c'est l'héritier de leurs propres, & non l'héritier des acquêts, qui en est chargé.

5°. Si le mariage avenant se liquide à l'époque du mariage du pere ou de la mere, on considere les filles comme si tous les enfants avoient renoncé aux successions desdits pere & mere, & les filles n'ont à elles toutes que le tiers du tiers, c'est-à-dire, le neuvieme de la totalité des immeubles possédés par l'ascendant lors de son mariage ; & en ce cas elles ne supportent qu'un neuvieme des dettes immobiliaires existantes à la même époque, sans aucune contribution aux dettes mobiliaires ni à celles postérieures audit mariage, parce qu'on considere le neuvieme des filles, comme faisant partie du tiers coutumier dû aux enfants, dont la quotité, du moment du mariage des pere & mere, est devenue invariable.

6°. Quand, au contraire, on liquide la Légitime du jour du décès du pere ou de la mere, comme elle est levée sur le mobilier, ainsi que sur l'immobilier, elle est passible de toutes especes de dettes, & elle ne consiste en ce cas pour chaque fille, ou au tiers de la succession, si le tiers n'excede point la part d'un puîné, ou en une part égale à celle d'un puîné, qu'autant que ce tiers ou cette part a ſupporté ſa contribution aux dettes.

7°. Ou la ſucceſſion eſt compoſée d'un ſeul fief, ou d'un fief avec des rotures.

S'il n'y a qu'un fief, & que l'ainé le prenne par préciput, on eſtime le fief au denier 20, aux termes de l'Article LII du Réglement de 1666, & on donne à chaque ſœur une part qui ne peut être plus forte en revenu que la penſion à vie de chaque puîné.

Ainſi, en ſuppoſant le fief de 3000 liv. de rente, ſon capital eſt fixé à 60,000 liv.

L'ainé doit avoir le double des cadets, & les filles une Légitime équivalente en capital & revenu, au revenu de la penſion viagere des cadets. En recourant à la Table de liquidation qui termine la premiere Partie de ce Traité, on trouve que la pension viagere des cadets est à un capital de 7500 liv., qui est le huitieme de 60 000 liv., & en revenu de 375 liv. Ainsi chaque fille a en capital pareille somme de 7500 liv., & aussi en rente 375 liv. Mais la fille en se mariant, transmet la propriété du capital de sa rente à sa postérité, au lieu qu'après le décès des puînés, le capital de leur rente reste à l'ainé.

S'il y a dans la succession fief & rotures, l'ainé ayant choisi le fief pour sa part, les rotures restent aux puînés & aux filles, & alors elles ne peuvent y prendre que le tiers, ou une part de cadet, selon que le nombre des cadets nécessite à l'un ou l'autre de ces partis, ainsi qu'on l'a déja dit. Au surplus, s'il n'y a qu'une sœur, elle peut renoncer aux rotures, & prendre Légitime sur le fief, de laquelle Légitime elle devient propriétaire en se mariant. Mais s'il y a des puînés, & qu'ils acceptent la roture, la sœur est privée de la faculté d'y renoncer.

SECTION XIV.

QUAND la Fille a-t-elle partage, quoique non réservée ?

ARTICLE 263.

LE fisc ou autre créancier subrogé au droit des freres, ou l'un d'eux, doit bailler partage aux filles, & n'est reçu à leur bailler mariage avenant.

CET Article doit s'expliquer par le 345 de la Coutume, qui dit que *le fisc ou autre créancier subrogé au droit de l'ainé avant le partage fait, n'a le privilege de prendre le préciput appartenant à l'ainé, à cause de sa primogéniture, mais aura seulement part égale avec ses autres freres.*

Jusqu'ici on a pensé que le but

de ces deux Articles étoit de conſerver les biens dans les familles; mais il ne paroît pas que telle ait été l'intention de la Coutume. En effet, 1°. par un Arrêt du 15 Octobre 1663, rapporté par Banage, les ſœurs de Lambert obtinrent partage au préjudice du tiers coutumier des enfants de leur frere; & certainement ce tiers auroit été préféré au partage demandé par les ſœurs, ſi la Cour eût penſé que l'Article 263 puniſſoit l'acquéreur d'un frere, en l'aſſujettiſſant au partage, en haine de ce que celui-ci faiſoit paſſer ſon patrimoine en une famille étrangere; car en accordant le tiers aux enfants du vendeur, ſa famille ſeroit reſtée au moins propriétaire de ce tiers; & 2°. l'Article 345 difpenfe l'acquéreur de l'ainé du partage égal avec les puînés, quand l'ainé a fait partage ; ce qui démontre clairement que le motif impulsif de fa difpofition a été que lorfqu'un ainé s'eft mis hors d'état de décider par lui-même de l'établiffement de fes fœurs, ou du fort de fes freres, c'eft à la Loi, & non à des étrangers à décider de l'un & de l'autre en fon lieu & place ; & comme il auroit été au pouvoir du frere ainé, avant fa confifcation ou le décret de fes biens, de renoncer à fon préciput, ou de donner partage à fes fœurs, au lieu de Légitime, fi elles y euffent confenti, dans ces deux cas, la Coutume a préfumé qu'elle devoit, pour & au nom de l'ainé, accorder ou aux cadets, ou aux filles, le plus grand avantage qu'il auroit pu leur faire.

Par la confiſcation & le décret, ceſſant la diſpoſition de la Loi qui ſubſtitue ſa volonté à celle du frere ainé, celui-ci ne pourroit obliger le fiſc à donner partage à ſes ſœurs; la Loi a donc été néceſſaire pour que les filles ne fuſſent pas privées, par le mauvais ménage de l'ainé, de l'avantage que ſon affection pour elles l'auroit peut-être déterminé à leur accorder.

Et il en eſt de même lorſque le frere a vendu avec ſon bien l'univerſalité de ſes droits, puiſque par là il a tranſmis tous ſes pouvoirs à l'acquéreur, & s'eſt mis dans l'impuiſſance de recevoir ſes ſœurs à partage. Mais il n'a pas fallu une Loi qui ſuppléât au pouvoir du frere, lorſqu'il aliénoit purement & ſimplement ſon bien en tout ou partie, ſans ſe dépouiller de l'univerſalité de ſes droits, parce qu'en ne chargeant point l'acquéreur par le contrat de donner partage à ſes ſœurs, il témoignoit aſſez clairement qu'il n'entendoit leur donner que mariage avenant.

Ainſi lorſque les filles viennent demander partage à un tiers-acquéreur de leur frere ainé, il n'eſt queſtion que d'examiner ſi cet acquéreur l'eſt par décret, s'il a les droits univerſels du frere, ou ſi au contraire il a acquis de lui des fonds ſans ſubrogation à ſes droits univerſels; car dans les deux premiers cas, l'acquéreur doit partage;

& dans le second il ne doit qu'une Légitime; & c'est ce que la Jurisprudence des Arrêts rend sensible.

Ceux du premier Août 1597, du 4 Octobre 1609, du 17 Décembre 1615, rapportés par Banage sur l'Article 263 de la Coutume, ne donnent que mariage avenant à des sœurs qui demandoient partage, parce qu'elles formoient cette demande contre des acquéreurs auxquels les freres n'avoient pas cédé l'universalité de leurs droits; au lieu que par l'Arrêt de 1663, qui a été ci-devant cité, & celui du premier Février 1624, que Banage nous a conservé, on donna partage aux filles, parce qu'elles avoient pour adversaires des acquéreurs subrogés à l'universalité des droits du vendeur, par vente volontaire ou par décret.

Il est vrai que par un Arrêt du 28 Avril 1629, le frere avoit chargé un acquéreur de marier sa sœur, & cependant elle obtint partage; mais ce fut parce que le frere n'avoit pas déterminé comment il avoit entendu marier sa sœur. Il avoit laissé le choix à l'acquéreur de lui donner *partage* ou *mariage avenant*. Or un acquéreur ne devoit point être maître de priver la sœur d'un avantage dont son frere n'avoit pas eu la volonté déterminée de l'exclure; la Loi devoit donc suppléer à ce que le frere avoit négligé d'expliquer.

SECTION XV.

Comment les Filles doivent-elles prétendre au mariage ?

ARTICLE 264.

LE frere après l'an & jour, ne peut plus différer le mariage de sa sœur, pourvu qu'il se présente personne idoine & convenable qui la demande ; & s'il est refusant d'y entendre sans cause légitime, elle aura partage à la succession de ses pere & mere.

ARTICLE 265.

Si la sœur ne veut accommoder son consentement selon l'avis de ses freres & de ses parens, sans cause raisonnable, quelqu'âge qu'elle puisse par après atteindre, elle ne pourra de-

mander partage, ains mariage avenant seulement.

Article 266.

Le mariage de la fille ne doit être différé pour la minorité de ses freres; ains sera mariée par le conseil du tuteur & des plus prochains parens & amis, lesquels lui bailleront mariage avenant, sans qu'ils lui puissent bailler partage; & au cas qu'ils l'eussent baillé, le fils venant en âge le peut retirer, en baillant mari age avenant.

Article 267.

Si le tuteur est négligent de marier la sœur de son pupille, étant parvenue en ses ans nubiles, elle peut se marier par l'avis & délibération des autres parens & amis, encore que ce ne soit du consentement du tuteur, lesquels après avoir oui ledit tuteur, peuvent arbitrer le mariage avenant.

LES mineurs ſont exceptés de la rigueur de l'Article 264. Le refus fait par leurs tuteurs de marier leurs ſœurs, ne les ſoumet point à la peine que cet Article prononce.

Sur ce refus du tuteur, les filles peuvent avoir recours aux autres parents; & ceux-ci, comme Juges de la Légitime, ont le droit d'arbitrer irrévocablement ſa valeur, ſans que le frere devenu majeur puiſſe la révoquer, ſi ce n'eſt dans les dix ans de ſa majorité, & par les mêmes moyens auxquels un majeur eſt admis pour faire réformer la liquidation de la Légitime de ſa ſœur, lorſqu'il y a injuſtice ou excès manifeſte de ſa part.

SECTION

SECTION XVI.

De quel moment la Fille a-t-elle le droit d'exiger les arrérages de sa Légitime ?

ARTICLE 268.

FILLE ayant atteint l'âge de 25 ans aura provision sur ses freres équipolente au mariage avenant, dont elle jouira par usufruit, attendant son mariage; & en se mariant, elle en aura la propriété.

Les filles non mariées, quoiqu'âgées de 25 ans, ne sont qu'usufruitieres de leur Légitime ; cependant il y a une exception à cette maxime, c'est lorsque le frere d'une fille meurt sans enfants, qu'elle renonce à sa succession, &

que cette ſucceſſion paſſe aux enfants d'une autre ſœur ; car l'Article 268 eſt une exception au droit général, qui contient un privilege perſonnel aux freres ; privilege qu'on ne doit pas étendre au-delà des bornes que la lettre de la Coutume lui preſcrit : Arrêt du 27 Mars 1760. Et c'eſt auſſi parce qu'on doit s'en tenir ſtrictement aux termes de la Loi, que dès que par l'Article 268, après 25 ans, la fille n'a qu'un uſufruit, il s'enſuit que ſi les freres dont les pere & mere ſont décédés, ont une ou deux ſœurs, & s'ils perdent une tante paternelle non mariée, au moment où ils font arbitrer la Légitime de leurs ſœurs, ils ne leur doivent ſur le mariage avenant de la tante aucune récompenſe.

SECTION XVII.

QUELLE quotité des biens forme le mariage avenant ?

ARTICLE 269.

LES ſœurs, quelque nombre qu'elles ſoient, ne peuvent demander à leurs freres ni à leurs hoirs, plus que le tiers de l'héritage; & néanmoins où il y aura pluſieurs freres puînés, & qu'il n'y aura qu'une ſœur ou pluſieurs, leſdites ſœurs n'auront pas le tiers, mais partiront également avec leurs freres puînés: & ne pourront contraindre les freres de partager les fiefs ni leur bailler les principales pieces de la maiſon; ains ſe contenteront des rotures, ſi aucune y en a, & des autres biens qu'ils leur pourront bailler revenans à la valeur de ce qui leur pourroit appartenir.

Cet Article donne trois regles fondamentales d'arbitration du mariage avenant.

1°. Les filles ne peuvent demander que le tiers des héritages de leurs pere & mere.

2°. Si ce tiers leur donne plus que chaque puîné ne prend, elles doivent avoir chacune une part égale à celle de chaque puîné.

3°. Les filles doivent se contenter des portions les moins importantes de la succession, pourvu que ces portions remplissent la valeur de leur Légitime.

La seconde de ces regles souffre cependant des exceptions; car si une fille réſervée à partage n'a que deux freres, dont l'ainé a pris un fief par préciput, la part de cette fille dans le ſurplus n'eſt pas de la moitié, mais ſeulement du tiers.

Le ſens de l'Article 269 de la Coutume, eſt que les filles réſervées ne peuvent avoir pour leur part que le tiers de ce qui eſt à partager, après le préciput levé, c'eſt-à-dire, le tiers des biens partables: or il n'y a de biens partables que ceux qui le ſont entre puînés.

Ce ſeroit une erreur de prétendre que le fief opté en préciput par l'ainé, eſt pris à droit de partage: ce fief ne fait point partie des biens diviſibles de la ſucceſſion; il eſt déféré par la Loi à l'ainé; & les filles réſervées ne peuvent s'adreſſer à cet ainé pour avoir leur part, les puînés sont seuls exposés à leurs poursuites. Il y a plus : qu'un puîné qui n'aura eu que des rotures, meure sans enfants, l'ainé qui a pris fief par préciput ne lui succede pas, mais lui succéderont les autres freres puînés ayant partagé avec lui : Article 341 de la Coutume. Ces termes, AYANT PARTAGÉ AVEC LUI, prouvent bien qu'il n'y a point de partage avec l'ainé, lorsqu'il a pris un fief pour préciput.

Si tous les biens d'une succession étoient de même nature, de même qualité, qu'ils consistassent en rotures & meubles ; ou s'il y avoit des fiefs, & que les freres ne fissent pas usage de leur droit de préciput, il est incontestable que la part de la fille réservée se préleveroit ſur toute la ſucceſſion, parce qu'alors la ſucceſſion ſeroit partable dans ſon intégrité ; mais il en eſt autrement quand les aînés optent ſucceſſivement des préciputs, & par ce choix les retranchent de la ſucceſſion. En effet, ſi une ſucceſſion valoit 60,000 liv. & qu'il y eût dans les 60,000 liv., un fief de 50,000 liv. comment les filles pourroient-elles prétendre le tiers de la ſucceſſion ſur le pied de 60,000 liv., tandis que les freres puînés n'auroient part que ſur les 10,000 liv. ? Les Articles 255, 256 & 269 ne doivent donc s'entendre que du tiers des biens ſujets au partage, le préciput diſtrait. C'eſt ce qui fait dire à Banage ſur l'Article 361, après avoir rapporté l'Arrêt de Migergon, qu'il faut tenir pour maxime que bien que la fille ſoit réſervée à partage, quand dans la ſucceſſion il y a des rotures & un fief, elle ne peut avoir partage que ſur la roture, & non ſur le fief.

L'Article 269 au ſurplus ne laiſſe pas le doute le plus léger à cet égard : néanmoins, y eſt-il dit, *où il y aura pluſieurs freres puînés, & qu'il n'y aura qu'une ſœur ou pluſieurs, leſdites ſœurs n'auront pas le tiers, mais partageront également avec les freres puînés :* car par cette diſpoſition, l'ainé qui a pris préciput eſt excepté.

Et ſi des filles ont pluſieurs freres, que chacun prenne un fief par préciput ; alors la Légitime de chaque fille eſt égale à celle du puîné, qui a le ſief de moindre valeur,

valeur, à moins qu'elles ne ſoient dans le cas de prendre pour elles toutes le tiers de la ſucceſſion ; c'eſt à-dire, en prenant ce tiers, elles ne paient pas plus chacune que la valeur de la part du puîné, qui prend le moins.

SECTION XVIII.

ARTICLE 270.

LES freres & les sœurs partagent également les héritages qui sont en Bourgage par toute la Normandie, même au Bailliage de Caux, au cas que les filles fussent reçues à partage.

LES biens de Bourgage se partageoient dans l'origine comme les meubles. Voyez anciennes Loix des Fr. 1er. vol. Sect. 165 & suivantes. Les filles réservées à partage y prennent maintenant, par cette raison, part égale avec leurs freres; ce que le Réglement du 20 Juillet 1715, rendu pour

Rouen, a étendu à la Banlieue, avec cette reſtriction conſacrée par un Arrêt du 6 Avril 1750, qu'en ce cas les fonds ſis dans la Banlieue doivent être tenus en franc alleu.

SECTION XIX.

QUELS droits les Filles ont-elles sur les Préciputs en Coutume générale.

ARTICLE 271.

LES sœurs ne peuvent rien demander aux manoirs & masures logées aux champs, que la Coutume appelloit anciennement ménages, s'il n'y a plus de ménages que de freres : pourront néanmoins prendre part ès maisons assises ès Villes & Bourgage.

CET Article ne s'applique qu'au cas où les sœurs sont reçues à partage ; car en Coutume générale le préciput roturier entre en l'estimation de la légitime, ce qui n'a pas lieu en Caux.

Les manoirs de la Coutume générale ſont auſſi très-différents, quant à leur étendue, de ceux de la Coutume de Caux : en la Coutume générale, ſuivant l'Article 356, le manoir de l'ainé conſiſte en *la cour, au clos & au jardin* ; en Caux, outre le *manoir*, on doit comprendre dans le préciput, le *pourpris en ſon intégrité*, ſuivant l'Article 279.

En Coutume générale, les chemins, les clôtures, les haies ou foſſés ne retranchent rien du manoir, ſi entre les êtres du préciput ſéparés par les clôtures, le pere de famille a établi des communications. Conſultez l'Arrêt des Etienne, rapporté par Bérault ſur ledit Article 356. Et en Coutume de Caux, la même regle a lieu pour le *pourpris*, ſuivant les Arrêts du 8 Mai 1761 & du 14 Juin 1775, l'un rendu en faveur de M. Duverdrey, & l'autre relativement au préciput réclamé par le nommé Prevel : c'eſt-à-dire, que des chemins n'empêchent pas que des parcs, des avenues, des clos labourés n'appartiennent à l'ainé ; s'il eſt évident que le pere de famille les a deſtinés pour l'utilité ou la décoration de ſon manoir, les lui a appropriés : en effet le mot *pourpris* ne peut ſe rendre que par ce mot, *appropriatum.*

SECTION XX.

Les Fiefs se partagent entre Filles.

ARTICLE 272.

QUAND la succession tombe aux filles par faute d'hoirs mâles, elles partagent également ; & les fiefs Nobles, qui par la Coutume sont individus, sont partis entre lesdites filles & leurs représentans, encore qu'ils fussent mâles.

QUAND un fief a été partagé entre sœurs, si l'une d'elles laisse des enfants mâles, sa portion de fief appartient à l'aîné, & ne se divise pas : Arrêt du mois de Juin 1645, rapporté par Banage.

SECTION XXI.

Les Filles ne peuvent être forcées à entrer en partage.

Article 357.

Les sœurs ne peuvent demander partage ès successions du pere & de la mere, ains seulement demander mariage ; & pourront les freres les marier de meuble sans terre, & de terre sans meuble, pourvu que ce soit sans les déparager.

De même que les sœurs ne peuvent forcer leurs freres à leur donner partage, de même aussi les freres ne peuvent forcer leurs sœurs à le recevoir : Art. XLVII du Réglement de 1666. En s'en tenant à leur légitime & en l'exigeant du jour du mariage de leur pere, les filles s'exemptent des dettes qu'il a depuis contractées, parce qu'elles ne sont devenues par son mariage que créancieres & non héritieres en sa succession.

SECTION XXII.

La réserve ne vaut que sur la succession de celui qui accorde la réserve.

Article 358.

La fille réservée à partage ne peut prétendre part qu'en la succession de celui qui l'a réservée.

Ainsi la réserve d'un pere ne peut valoir sur la succession d'un aïeul.

SECTION XXIII.

Les Filles héritieres rapportent.

Article 359.

Fille mariée revenant à partage de succession de ses pere ou mere, doit rapporter ce qu'elle a eu de meuble & héritage de celui qui l'a réservée.

Cet Article doit être interprété par le LXVIIIe. du Réglement de 1666, qui veut que *quand toutes les filles ont été mariées par le pere, & qu'il n'est rien dû de leur mariage, elles viennent à la succession de leur frere sans rapporter ce que leur pere leur avoit donné en mariage.*

Il faut ajouter encore ici, que si une fille mariée a des sœurs qui n'aient rien reçu pour légitime, lorsque leur frere décede, elle est obligée de rapporter ce qu'elle a eu en mariage, c'est-à-dire, sa dot, & même le don mobil fait à son mari, parce qu'en ce cas-là la succession du frere est représentative de celle du pere, laquelle étoit chargée de la légitime des filles non mariées ; il en seroit autrement s'il s'agissoit entre les sœurs du partage de la succession d'un neveu : la tante mariée ne feroit aucun rapport, suivant l'Arrêt rapporté par Banage sous la date du 1 Août 1656.

SECTION XXIV.

ARTICLE 360.

LES filles quand elles ſont héritieres, peuvent partager tous fiefs de haubert juſqu'à huit parties, ſi autrement les partages ne peuvent être faits.

ARTICLE 361.

LA fille réſervée à partage, aura ſa part ſur la roture & autres biens, s'il y en a, ſinon ſur le fief, lequel pour le regard de ladite fille, eſt évalué en deniers, pour ce qui lui peut appartenir, pour en avoir rente au denier 20.

ARTICLE 362.

FILLES mariées encore qu'elles ne reviennent à partage, ſi elles n'y ont été expressément réservées, si est-ce qu'elles font part d'autant qu'il leur en appartiendroit, au profit des héritiers, telle comme si elles avoient eu partage au lieu de mariage.

ARTICLE 363.

LES filles mariées par le pere ou la mere ne peuvent rien demander en leur succession; & si elles ne font part au profit de l'ainé, au préjudice du tiers que les puînés ont par provision ou en propriété en Caux.

ARTICLE 364.

LES freres contribuent à la nourriture, entreténement & mariage de leurs sœurs, selon qu'ils prennent plus ou moins en la succession de leurs pere & mere, aïeul ou aïeule en ligne directe, & pareillement aux autres charges & dettes de la succession.

Ce qui eſt contenu en ces Articles a été ci-devant expliqué. Ainſi les droits des filles en ſucceſſions directes & en Coutume générale nous ſont connus ; il ne reſte par conſéquent qu'à examiner ce que ces droits ont de particulier dans les ſucceſſions directes en Coutume de Caux & locale, & dans les ſucceſſions collatérales par toute la Normandie.

CHAPITRE III.

DROITS des Filles sur les biens de Caux en ligne directe.

ARTICLE 297.

LES filles seront mariées sur les meubles délaissés par les pere, mere & autres ascendans, s'ils le peuvent porter : & où ils ne seroient suffisans, le mariage se payera à la proportion de toute la succession, tant en Caux, Bourgeoisie, que hors Caux, pour la part qui écherra tant à l'ainé que puînés.

ARTICLE 298.

ET où lesdits freres seroient négligens de les marier, elles se pourront marier ayant atteint l'âge de 25 ans, par

par l'avis de leurs parens & amis ; qui ne pourront eſtimer le mariage de chaque fille à plus que l'une des portions des puînés.

ARTICLE 299.

LE fils ainé aura la garde de ſes ſœurs, juſqu'à ce qu'elles ſe marient ; en contribuant par les puînés à leur nourriture & entreténement, au prorata de ce qu'ils auront de la ſucceſſion.

IL n'y a dans la Coutume de Caux, que ces trois Articles qui aient rapport au mariage avenant des filles, & encore les deux derniers ne contiennent rien d'oppoſé aux diſpoſitions de la Coutume générale.

L'Article 291 a été ajouté à la Coutume ancienne lorſqu'on l'a réformée, époque à laquelle on a accordé aux cadets la propriété de leur tiers en Caux. Auparavant, ils étoient privés de cette propriété, ainsi que les filles; car c'est une erreur de dire que l'ancienne Coutume donnoit aux filles leurs parts en propriété : le Ch. XXVI du vieux Coutumier & l'ancien Style de procéder, disent le contraire. Il est vrai qu'il s'étoit introduit un abus, avant la réformation de la Coutume; mais abus que le Texte de l'ancienne Coutume proscrivoit; la faveur accordée aux cadets par les Réformateurs, les a portés à donner à l'ainé une espece de remplacement sur les meubles de ce que l'avantage obtenu par les cadets lui faisoit perdre en propriété ſur les immeubles, & de là les meubles en Caux doivent être épuiſés, avant que l'immeuble ſupporte rien du mariage avenant. Je dis les *meubles en Caux* ; car quand un pere décede domicilié en Bourgage, quoique ce Bourgage ſoit dans l'enclave du pays de Caux, l'Article 297 ne doit pas être ſuivi, aux termes d'un Arrêt du 2 Décembre 1701 : d'où il ſuit que les biens de Coutume générale, ceux de Bourgage & de Caux étant régis par des maximes différentes, on doit, en liquidant les légitimes des filles, opérer ſur chacun de ces biens ſéparément : ainſi dans une ſucceſſion en Caux compoſée de meubles ou de Bourgage & de Caux, il eſt indiſpenſable de liquider d'abord le mariage avenant ſur le meuble & le Bourgage ; enſuite ſur le Caux; parce qu'après cela, il eſt plus facile de détermi-ner ce qui reſte à payer par l'ainé ou par les cadets de la légitime ſur le Caux, les meubles épuiſés. On doit au ſurplus obſerver que lorſqu'il y a pluſieurs ſœurs, & que les meubles ſont inſuffiſants pour acquitter la totalité de leurs mariages avenants, le mariage de l'ainée des ſœurs doit être le premier prélevé en entier ſur le mobilier, & ainſi des autres ſœurs ſuivant le rang que l'âge leur don-ne : Arrêt du mois d'Avril 1651.

On peut juger par le ſoin avec lequel la Coutume de Caux con-ſerve aux mâles les immeubles qu'elle régit, quel eſt l'eſprit gé-néral de cette Coutume, & comment la réſerve à partage doit y avoir lieu : (car il ne paroît pas poſſible de croire que la Coutume de Caux proſcrive la réſerve à partage, puiſqu'en l'Article 270, les Réformateurs ſuppoſent que les filles y peuvent être réſervées) : or, quant à l'eſprit de la Coutume de Caux, l'ancien Style de procéder de 1515, Titre de ſucceſſions, nous l'indique. Voici ſes termes : *En fiefs nobles ne peuvent avoir les freres puînés & ſœurs enſemble où les puînés ne partent point avec leur frere ainé, que le tiers de la ſucceſſion, c'eſt à ſavoir les puînés à vie, & les ſœurs à héritage.* Et ajoute-t il : *les ſucceſſions des héritages non nobles ſont de ſemblable uſage ſelon les lieux où l'uſage de Caux a lieu ; l'ainé a tout, à la charge de marier ſes ſœurs........*

& de la provision des freres puînés.

Les rotures de Caux se partageoient donc, comme les fiefs, avant la Coutume réformée ; & depuis, la même regle a été observée. Aussi Banage, sur l'Article 279 de cette Coutume, après avoir cité un Arrêt du 14 Février 1667, rendu à l'occasion d'un préciput roturier de Caux, fait-il remarquer que la Cour *régla ce préciput comme un fief.*

Mais si la roture Cauchoise doit être liquidée entre freres & sœurs comme les fiefs, il s'ensuit que l'Article 361 de la Coutume doit être la base de l'arbitration de la légitime des filles en Caux. C'est-à-dire, que la fille réservée à partage ne peut exiger que l'évaluation du lot qui lui échet en deniers; & c'est aussi ce qui a été jugé par Arrêt du 8 Mai 1761, entre M. Duverdrey & M. Dutot Ferrare. Par ses conclusions ce Magistrat avoit demandé qu'il fût *convenu de parents arbitres, autrement qu'il en seroit nommé d'office, ne devant y avoir que des lots de convenance entre lui & Madame Dutot Ferrare sa sœur, comme fille réservée en Caux*, & ces conclusions lui furent adjugées. On ne peut se dissimuler que les cadets ne soient très-lésés en Caux par la réserve à partage des filles : mais cet évênement n'est pas un titre pour contester la légitimité de cette réserve consacrée par l'Article 270 de la Coutume. Si les cadets d'ailleurs réfléchissent qu'ils ont maintenant en propriété ce qu'ils n'avoient anciennement qu'à vie ; que leurs sœurs partagent leur sort, que celles-ci peuvent renoncer à la réserve, lorsqu'elle leur est plus désavantageuse que la légitime ; ils trouveront difficilement de justes motifs de plaintes.

Quand on dit que les filles peuvent renoncer à la réserve en Caux, on suppose que cette réserve ne frappe que sur les immeubles & les meubles de Caux ; car si l'acte par lequel elle seroit faite avoit pour objet des biens de Bourgage, on ne pense pas que la fille fût libre de jouir de la réserve sur les immeubles Cauchois. On ne peut diviser, ce semble, la volonté d'un pere énoncée en un seul & même acte. Peut-être n'auroit-il point réservé au partage du Bourgage

gage ſa fille, s'il n'eût eu l'eſpoir qu'elle ſe conſormeroit à ſes intentions pour la part à laquelle il l'auroit réduite en Caux. La Coutume de Caux n'eſt pas la ſeule qui contienne des diſpoſitions particulieres à l'égard des droits des filles en ſucceſſions directes; il y a des lieux où ces droits ſont moindres ou plus forts qu'ils ne le ſont dans les autres cantons des Vicomtés d'où elles reſſortiſſent: le Chapitre ſuivant va nous les indiquer.

CHAPITRE IV.

USAGES locaux à l'égard des Droits des Filles, dérogatoires à la Coutume générale.

SECTION PREMIERE.

VICOMTÉ DE CAUDEBEC.

ARTICLE PREMIER.

LES filles ont part égale avec leurs freres aux héritages assis ès Paroisses de Notre-Dame, de Saint Denis-de-Lillebonne, & aux Hameaux de la Vallée & Becquet.

ARTICLE 3.

Les héritages qui sont assis ès Pa-

roiſſes du Trait, Sainte Marguerite-ſur-Ducler & dans le Bourg & Vallée de Villequier, ſont partables entre freres & ſœurs ou autres cohéritiers ; mais toutes les ſœurs enſemble ne peuvent prétendre que le tiers en la ſucceſſion.

ARTICLE 4.

Les héritages aſſis en la Paroiſſe de Radicaſtel, & dedans le Bourg de Bollebec, ſe partagent entre freres & ſœurs par égale portion ; & néanmoins où les filles ſeront mariées par le pere ou freres, elles ne pourront demander partage.

ARTICLE 6.

Ceux de la Paroiſſe de Norville ; qui doivent dîme ſeulement, ſont partables entre freres & ſœurs : & ceux qui doivent dîme & champart, appartien-

nent à l'ainé ſeul, ſans charge de provision à vie aux puînés, encore qu'il n'y ait autres biens en la ſucceſſion.

ARTICLE 7.

Les maiſons & héritages aſſis dans l'enclos du Bourg des Bans-le-Comte, d'autant qu'il y en a de compris dans les chemins auxquels ſe fait la proceſſion par chacun an, le jour de l'Aſcenſion, appellés vulgairement les rues des proceſſions, ſont partables entre freres & ſœurs également.

SECTION II.

CHATELLENIE DE GOURNAY.

ARTICLE 5.

LES filles & fils puînés n'ont qu'un tiers aux fiefs ; mais ils l'ont en propriété , & ils le partagent entr'eux également.

ARTICLE 11.

Les héritages roturiers , & autres ténemens non nobles , se partagent entre freres & sœurs également & sans aucun droit de préciput ou d'ainesse.

SECTION III.

VICOMTÉ DE BAYEUX.

ARTICLE 7.

LES sœurs n'entrent en discussion de partage avec leurs freres, soit en Bourgage ou hors Bourgage; mais leur est par les freres donné mariage, si mieux ils n'aiment leur laisser la tierce partie de la succession, ou les recevoir à partage, sans distinction de ce qui est en Bourgage ou dehors.

SECTION IV.

VICOMTÉ ET CHATELLENIE d'Evreux & de Nonancourt.

ARTICLE PREMIER.

LES filles venant à partage par faute de mariage, ont aussi-bien part en essence aux héritages, maisons & manoirs assis aux Champs, qu'aux Villes & Bourgages, combien qu'il n'y ait tant de manoirs que de partageurs, à la charge du contenu en l'Article 356 de la Coutume générale.

SECTION V.

VICOMTÉ DE BEAUMONT-LE-ROGER

ARTICLE PREMIER.

LES filles venant à partage, ont part en essence, aux maisons, masures & ménages, tant en Ville, Bourgage qu'aux champs.

SECTION VI.

VICOMTÉ DE CONCHES & Breteuil.

ARTICLE PREMIER.

Les filles venant à partage ont pareille part, tant aux meubles qu'aux immeubles de la succession, & leur part des maisons en essence.

SECTION VII.

VICOMTÉ DE GISORS.

ARTICLE 2.

Les filles réservées à partage ont leur légitime aux manoirs & masures logées aux champs, comme aux autres héritages roturiers non logés.

CHAPITRE V.

DROITS des Filles en succession collatérale.

DANS ces successions, 1°. *les freres excluent les sœurs, & les descendants des freres excluent les descendants des sœurs étant en pareil dégré*, Article 309.

2°. *Le frere de pere ou de mere seulement préfere la sœur de pere & de mere*, Article 314.

3°. *La sœur de pere ou utérine succede également avec la sœur de pere & de mere*, Articles 315 & 316.

4°. *Les sœurs font part au profit de leurs freres, soient mariées ou non à la charge de les marier, si elles ne le sont*, Article 320.

Mais cette derniere diſpoſition doit être entendue en ce ſens que les filles non mariées ſont les ſeules qui prennent mariage avenant ſur les ſucceſſions collatérales, quand elles font part au profit de leurs freres; car les filles mariées, quoique leurs parts profitent aux freres, ne tirent cependant de là aucune augmentation de dot ſur la ſucceſſion échue après leur établiſſement. M. Roupnel de Chenilly, en ſes notes ſur Penelle, donne une raiſon très-ſatisfaiſante de ce que les ſœurs ſuccedent en ſucceſſion collatérale, ainſi que leurs freres, avec leurs couſins d'une autre branche en parité de degré. » C'eſt, ſuivant ce Magiſtrat, » que quand les ſœurs ſeroient » ſeules, étant ſorties d'un mâle,

» leur cousin ne pourroit pas les » exclure à cause de la représen- » tation de leur pere ; mais com- » me leur propre frere les exclut, » il est conséquent qu'elles fassent » part à son profit, *à la charge de » les marier si elles ne le sont* «. *Cette charge*, continue l'exact annotateur, *a paru d'une discussion pénible, parce qu'on n'a pas voulu envisager l'objet avec assez de réflexion.*

Le vœu de la Coutume est d'obliger les freres à marier leurs sœurs sur la part dont ils profitent à cause d'elles ; mais la Coutume ne déroge point aux régles générales du mariage avenant. Il faut, continue, M. de Chenilly, *trouver d'abord la part dont les sœurs font bénéficier leurs freres, & fixer sur cette part le mariage avenant des filles comme sur les biens de ligne directe, en observant qu'il ne leur est rien dû quand les freres ne profitent de rien à cause d'elles.*

Deux exemples rendent sensibles cette vérité.

1°. *Supposons une succession en meubles & acquets de valeur de 12,000 liv.; d'un côté se présentent pour héritiers un frere & quatre sœurs non mariées; de l'autre un seul cousin; le frere de son chef & de celui de ses sœurs aura 10,000 liv., c'est-à-dire, cinq sixiemes, & le cousin un sixieme; les sœurs bénéficient pour le frere de 4000 liv., & les sœurs auront le tiers de cette somme pour leur mariage.*

2°. *Si de chaque côté il y a deux sœurs, comme alors elles ne font profit à aucunes des branches, il n'est dû à aucunes des filles mariage avenant sur cette succession.*

On voit par ces exemples, que le mariage avenant ſur les immeubles provenants de ſucceſſion collatérale ne ſe liquide pas comme en directe, c'eſt à-dire, en donnant à toutes les ſœurs enſemble le tiers de ce qui revient à leur branche, ou la valeur de la part du dernier des freres ; mais qu'il ſe leve, aux termes de l'Arrêt de la Cour du 21 Juin 1712, ſur la ſomme dont elles ſont part au profit des freres ſeulement ; ainſi ſur 4000 liv. dans l'exemple propoſé, elles n'ont que 1333-- 6. 8. L'Editeur du Texte de la Coutume, a mal expliqué l'Arrêt, en diſant dans l'édition qu'il en a donné en 1767, que *la Légitime* en ſucceſſion collatérale *étoit la partie pour laquelle la fille fait part au profit ;*

il devoit dire que c'étoit le tiers de cette partie. Ce seroit contredire l'Article 262 de la Coutume, de prétendre, en vertu de l'Article 320, qu'en tous cas la fille peut prendre Légitime sur une succession collatérale échue à ses freres, au profit desquels elle a fait part, comme sur une succession directe. L'Article 262 porte, que le mariage avenant doit être estimé par les parents, eu égard aux biens des pere & mere, ou autres ascendants en ligne directe seulement, & non des successions échues d'ailleurs aux freres; d'où l'on doit conclure, avec le célebre Me. Thouars, plaidant en 1747 pour M. Planterose contre ses sœurs, que *l'Article 320, étoit plutôt la suite du sentiment que des principes de de la Coutume, & que la disposition qu'il contient, n'est qu'une recommandation légale faite aux freres pour procurer un établissement à leurs sœurs, auxquelles la Coutume ne donnoit que le droit de demander de quoi aider à les pourvoir suivant leur condition.* Aussi par Arrêt du 3 Mai de ladite année 1747, la Cour confirma-t-elle la Sentence qui avoit envoyé hors de Cour les Parties sur la demande des sœurs d'une Légitime en la succession de leur oncle.

On avoit opposé à Me. Thouars l'Arrêt du 21 Mai 1712, & il avoit répondu que cet Arrêt avoit confirmé une Sentence qui prononçoit ainsi :

Nous avons renvoyé les Parties devant les parents, pour la Légitime de la sœur être liquidée tant sur les biens du pere que sur ceux de l'oncle commun, eu égard au profit que les freres font sur la succession de l'oncle.

Or ces termes, disoit Me. Thouars, ne signifient pas *eu égard* à la part *pour laquelle la sœur a été comptée dans la succession.* Ainsi l'espece étant telle :

JACQUES, décédé.	MARGUERITE, mariée.	MARIE,
	1 fille.	3 garçons. 1 fille.

La fille de Marie se compte comme une tête en la succession de Jacques ; mais la condition des trois freres de cette fille ne doit pas être pire qu'elle ne seroit si elle ne se comptoit pas ; & comme si elle n'étoit pas comptée, les trois freres auroient les trois quarts des meubles & acquêts ſans aucune charge envers leur ſœur, il s'enſuit qu'ils doivent avoir ces trois quarts ſans charge, & que la ſœur ne peut demander que ſa part en l'excédent qui peut ſe trouver, en la comptant, au-delà de ces trois quarts. Et comme il ſe trouvoit que cet excédent étoit peu important, & que les demoiſelles Planteroſe étoient richement établies, le hors de Cour fut prononcé.

Au ſurplus il eſt d'obſervation que les freres ne ſont à l'égard des ſucceſſions collatérales obligés à rien rapporter du chef de leurs ſœurs qui ont été mariées, avant le décès de celui auquel ils ſuccedent, quand même les ſœurs auroient reçu quelque choſe du défunt.

CHAPITRE VI.

ERREURS des méthodes publiées jusqu'ici pour l'arbitration des Mariages avenants.

EVERARD, qui est Auteur du Traité le plus méthodique qui ait paru jusqu'ici sur la maniere de liquider les Légitimes des filles, dans la Normandie & le pays de Caux, réduit les regles de liquidation à trois pour les biens de Caux.

1°. Selon lui, *quand il y a plus de sœurs que de freres, on doit donne aux filles le tiers*; & cette regle n'est bonne que lorsque le nombre des filles excede celui des cadets de la moitié au moins ; car on ne doit pas la ſuivre quand le nombre des filles n'eſt pas ſupérieur de la moitié à celui des cadets ; puiſqu'en ce cas, 1°. elle donneroit à chaque ſœur plus qu'à chaque puîné.

Et, 2°. le ſeul moyen alors de trouver la part exacte de la fille eſt de compter l'ainé pour le double des cadets, les puînés pour leur nombre propre, & les filles auſſi ſuivant le nombre qu'elles forment, & de diviſer la ſucceſſion en autant de parties que le nombre total en offre.

La ſeconde regle d'Everard eſt, que *quand il y a plus de cadets que de filles, il faut par le calcul chercher une part pour chaque fille égale à celle qui revient à chaque cadet, ſa contribution au mariage des filles déduite.*

Mais il eſt ſenſible que la méthode de liquidation promiſe par le Traité d'Everard ne devoit pas conſiſter à dire aux Lecteurs de *chercher* cette Méthode, & qu'au contraire Everard devoit la leur offrir en état d'être miſe en pratique.

La troiſieme regle propoſée par cet Auteur, eſt de *donner le quart aux filles quand leur nombre eſt égal à celui des cadets.*

Tandis qu'en Caux, ſi une ſucceſſion ne conſiſte qu'en meubles les filles y ont le tiers, lors même que leur nombre eſt égal à celui de leurs freres, puiſque dans ce cas, elles ne peuvent avoir plus du tiers, & qu'en prenant ce tiers elles ont une part moindre que celle d'un cadet.

Au ſurplus Everard a laiſſé beaucoup d'incertitude ſur les eſpeces les plus difficiles ; on n'y trouve aucuns ſecours pour rendre les ſœurs égales aux puînés ; ſur-tout quand ceux-ci ſont en plus grand nombre qu'elles, quoique ce cas ſoit très-fréquent.

A la Méthode d'Everard, a ſuccédé *la vraie clef du mariage a venant*; mais indépendamment de la ſingularité de l'interprétation que l'Auteur de cet Ouvrage donne à l'Article LVII du Réglement de 1666, Article qui s'accorde très-bien, quoi qu'il en diſe, avec l'Article 297 de la Coutume, puiſque cet Article veut que la Légitime des filles ſoit ſupportée par toutes les propriétés de la ſucceſſion à proportion de leur revenu, il eſt certain que la regle de *fauſſe position* qu'il a prise pour guide, l'a égaré en bien des circonstances.

Par exemple, page 39, il dit que la Légitime ne doit pas excéder l'onzieme partie de la succession noble & roturiere lorsque le nombre des cadets est de cinq contre une fille,

Et voici son opération :

Sur une succession de 11,000 l. il donne un 11e.

Pour la fille, ...1,000 l.

5 cadets, 5 onziemes, 5,000

A l'ainé, *même quotité*, ...5,000

Au lieu qu'il ne devoit donner à la sœur que le 16e.

PREUVE.

PREUVE.

Donnez à la fille, pour 1 ſeizieme, . . .	687 l. 10 ſ.
A chaque cadet, pareille ſomme : c'eſt pour cinq, ...	3,437 10
A l'ainé, pour 10 ſeiziemes, ...	6,875
Total. . . .	11,000 l.

La fille a autant qu'un cadet, & l'ainé le double des cadets ; ainſi cette formule eſt la ſeule que M. Boutet auroit dû ſuivre.

Page 40, il ſuppoſe ſix cadets & une ſœur, & donne à la ſœur un treizieme, il auroit dû dire le dix-neuvieme.

PREUVE.

Succeſſion,	13,000 liv.		
Pour la fille, le 19e eſt	684 l.	4 ſ.	2
Les cadets ont ſix 19es. qui leur donnent . .	4,105	5	7
L'ainé a le double des cadets,	8,210	10	3
Total . . ,	13,000 l.		

Pages 41, 42, & 46. Ses regles ſont auſſi fautives que les précédentes ; s'il y a neuf cadets & une ſœur, elle doit avoir le 28e. au lieu du 19e. qu'il lui donne. Quand il y a dix cadets & une ſœur, c'eſt le 31e. que l'on doit donner à cette ſœur, au lieu du 21e. que M. Boutet lui attribue : dans le cas de cinq cadets & de trois sœurs, chaque sœur doit avoir un 18e., & non un 13e.; en effet en ne se reposant que sur cette derniere opération, si on compte, comme le fait M. Boutet, page 146, les cadets en les doublant pour 10

Les filles pour leur véritable nombre, ... 3

Total. 13

Il arrive que la succession étant de 13000 liv.

Les trois filles ont	3,000 liv.
Les cadets . . .	5,000
Et l'ainé n'a que .	5,000

L'ainé n'a donc pas les deux tiers dans la partie de la succession consistante en fiefs.

Au lieu qu'il conſerve ces deux tiers en donnant à chaque fille un dix-huitieme, ci 722 l. 4 ſ. 5 d. 1 t.

	722	4	5	1
	722	4	5	1
Ci pour trois filles, ...	2,166	13	4	
Les cadets ont cinq 18es, . . .	3,611	2	2	2
Et l'ainé le double, . . .	7,222	4	5	1
Total. .	13.000 l.			

M. Duval du Hazay, en 1773, a mis au jour une Méthode de liquider les mariages avenants par l'Arithmétique. Mais cette Méthode tend à prouver la poſſibilité d'opérer en tous les cas de liquidation par l'Arithmétique, ſans donner aux parents arbitres, qui rarement ſont profonds calculateurs, la facilité de l'opération par les regles les plus uſuelles d'Arithmétique. D'ailleurs les formules qu'il propoſe ne ſont pas toujours exactes. Page 80, il ſuppoſe une ſucceſſion de 100,000 liv, échue en Caux, dont il y a 14,000 liv. de meubles, & 86,000 liv. d'immeubles; & en confondant les meubles & les immeubles dans la maſſe qu'il diviſe, il ne fait pas attention que les filles ont ſur le mobilier une part moindre que le cadet, & ſur l'immobilier une part égale à celle du dernier puîné; d'où il arrive que ſur ces deux eſpeces de biens le cadet ne prend qu'une part ſemblable à celle de chaque fille; tandis qu'il eſt évident que la part de ce cadet doit être plus forte : en voici la preuve:

SUCCESSION EN CAUX.

Meubles. . .	14,000 l.
Immeubles. .	86,000

L'ainé prend un fief de	50,000 l.
1er. puîné, un fief de	24,000
2e. puîné, un autre fief de	12,000

Deux filles non mariées demandent leur Légitime.

Pour la déterminer, il faut considérer d'abord qu'elles ne doivent chacune avoir qu'un sixieme sur le mobilier, ci . . 2,333 l. 6 s. 8

mobilier, ci . .	2,333 l.	6 s.	8
. . . .	2,333	6	8
Et ensuite que l'ainé			
Ci .	4,666 l.	13 s.	4

De l'autrepart,	4,666 l.	13 s.	4 d.	
& les 2 cadets doivent partager les deux tiers restants entr'eux également ; qu'ainsi c'est pour l'ainé	3,111	2	2	2 t.
Pour le premier puîné,	3,111	2	2	2
Pour le deuxieme, . . .	3,111	2	2	2
Total. . .	14,000 liv.			

Quant à l'immobilier de 86000 liv. il convient d'observer que chaque fille doit avoir autant que le 2e. puîné, parce que si on donnoit un 6e. à chaque fille, elle auroit plus que lui ; or, si leur Légitime étoit pour elles deux de 24,000 l., c'eſt-à-dire, de 12,000 liv. pour chaque, comme le cadet y contribueroit, il auroit moins qu'elles ce dont il contribueroit à leur Légitime ; ainſi avant que de fixer cette Légitime, on doit rechercher de combien la part du cadet ſe trouveroit diminuée par cette contribution ; car la part du cadet, cette contribution déduite, formera la Légitime de chaque ſœur. En conſéquence, j'ajoute aux 86,000 liv. une part égale à celle du cadet pour chaque fille, ce qui porte la ſucceſſion à 110,000 liv.

Et je fais contribuer les freres & ſœurs à 24,000 l.

La raiſon pour laquelle j'ajoute 24,000 liv. à la maſſe de la ſucceſſion, eſt parce que les filles doivent elles-mêmes, ſur ce qui leur revient, ſupporter une part contributive proportionnelle aux freres.

			Contribution.	
L'ainé a	50,000 l.	. . .	10,909 l.	0 ſ.
1 puîné,	24,000	. . .	5,236	8
2 puîné,	12,000	. . .	2,618	4
		24,000 l.		
1 fille,	12,000 l.	. . .	2,618	4
1 fille,	12,000	. . .	2,618	4
	110,000 l.			

Il eſt donc conſtant que le cadet, en contribuant à la Légitime de ſes ſœurs, n'a de net de ſes 12,000 liv. que 9381 liv. 16 ſ.

Chaque ſœur ne doit donc prendre pour Légitime que cette ſomme de 9381. liv. 16 ſ., ainſi il leur revient à deux.... 18763 l. 12 ſ.

Laquelle ſomme l'ainé & les deux cadets doivent payer à proportion de leurs parts.

L'ainé pour 50,000 liv., en doit, comme on l'a dit, 10,909 l. 0 ſ.

Le premier cadet,	5,236	8
Et le deuxieme,	2,618	4
Preuve. . .	18,763 l.	12 ſ.

Ainſi il reſte à l'ainé, ...	39,091 l.	0 ſ.
Au premier puîné,	18,763	12
Au deuxieme, .	9,381	16
Et les 2 ſœurs ont,	18,763	12
Ce qui fait le total de la ſucceſſion, ci	86,000 l.	

Et démontre l'exactitude de la regle, qui eſt auſſi ſimple que celle de la diviſion des ſucceſſions en *parties aliquotes* eſt pénible & abſtraite.

Une fois la part des filles déterminée ſur l'immobilier, on ajoute à cette part le tiers du mobilier montant à 14,000 liv., c'est-à-dire, ... 4,666 l. 13 ſ. 4

A ce moyen il reste aux freres, . . .	9,333 l.	6 ſ.	8 d.
Dont le tiers pour chacun est de . . .	3,111	2	2 t.

Et chaque fille a ſur l'immobilier la ſomme de . . .	9,381 l.	16 ſ.	
Sur le mobilier,	2,333	6	8
Ce qui fait pour total de ſa part,	11,715 l.	2 ſ.	8

Le cadet a ſur l'immobilier .	9,381 l. 16 ſ.
comme les filles.	
Mais ſur le mobilier il a . . .	3,111 2 2
	12,492 l. 18 ſ. 2
C'eſt-à-dire plus qu'elles. . . .	777 l. 15 ſ. 6

D'après ces obſervavions, il eſt aiſé de concevoir le beſoin que l'on avoit d'une Méthode sûre & facile pour la liquidation des mariages avenants. Or, rien n'eſt plus propre à donner une Méthode qui ait ce double caractere, que les diſpoſitions de la Coutume elle-même, relatives à cette liquidation. Ces dispositions sont claires, à la portée de tout le monde, parce qu'en établissant les parents Arbitres de la Légitime, le Législateur a bien pensé qu'il se trouveroit rarement parmi eux des Algébristes ou de profonds calculateurs. De ces dispositions, il suit :

1°. Que les sœurs, quelque nombre qu'elles forment, ne peuvent pas prétendre plus que le tiers du revenu de la succession de leurs pere & mere, & que cependant quand ce tiers leur donne à chacune plus qu'il ne revient à un puîné, alors chaque sœur ne doit avoir qu'une part en revenu égale à celle du revenu du dernier des cadets. Art. 269 de la Coutume.

2°. Que lorsqu'en ligne directe

il y a des sœurs mariées qui font part au profit de leurs freres, on liquide d'abord le mariage de toutes les filles mariées ou non mariées, suivant la regle précédente, & ensuite on ajoute à la masse réelle de la succession une somme égale à la part que chaque fille mariée auroit eue en la succession, si elle fût restée fille; & si ce qu'elle a eu en mariage excede ou est égal à la Légitime qui lui auroit appartenu en ne se mariant pas, on ajoute seulement ce qu'elle a reçu en mariage, si ce qu'elle a reçu est inférieur à ce que sa Légitime lui auroit produit; & sur la masse jointe à l'augmentation dont on vient de parler, on liquide de nouveau la Légitime, suivant la regle ci-devant indiquée,

& ce qui reviendroit ſur cette maſſe aux filles mariées ſi elles ne l'étoient point, appartient aux freres. Voyez ci-deſſus, Section XII, Ch. II.

3°. S'il n'y a qu'un fief pris par l'ainé pour préciput, le fief eſt eſtimé au denier 20, & ſur le tiers, les filles & les cadets ont part égale.

4°. S'il y a des fiefs choiſis ſucceſſivement par les ainés & les puînés par préciput, il faut examiner ſi en donnant le tiers de la ſucceſſion aux filles, chacune n'aura pas plus qu'un cadet, & au cas de l'affirmative, leur donner ce tiers auquel tous les freres contribuent au marc la livre de leur part ; quand en leur donnant le tiers, chacune a plus que le cadet qui prend le moins, alors on doit donner à chaque fille une part égale à celle de ce cadet, faire contribuer les sœurs & les freres à la part des filles, & fixer la Légitime à la part du cadet, sa contribution déduite, puis faire contribuer à cette part les freres dans la proportion fixée par l'opération où on a supposé les filles contribuables.

5°. S'il y a fief & rotures, l'ainé choisissant le fief pour sa part, les filles n'ont alors sur les rotures qu'une part de cadet.

6°. Quand la succession est composée de meubles, de Bourgage & de Caux, il faut liquider en premier lieu la Légitime sur le meuble & sur le Bourgage, & ensuite sur le Caux, puis faire un total pour les filles de ce qui leur revient

vient ſur l'un & ſur l'autre.

7°. Si les meubles ſont meubles de Caux, parce que le pere & la mere y ſont domiciliés, la portion revenante aux filles ſur les meubles, doit être jointe à la portion qui leur appartient ſur l'immeuble, & le total de ces deux portions ſera levé ſur les meubles, s'ils ſont ſuffiſants ; s'ils ne ſuffiſent pas, le ſurplus doit être payé au marc la livre de ce que l'ainé & les cadets ont pour part en l'immeuble.

8°. Lorſqu'en collatérale les filles font part au profit des freres, ils ne ſont ſujets à aucun rapport ; ainſi la liquidation du mariage avenant ſe fait ſuivant la premiere des regles que l'on vient de poſer, c'eſt-à-dire, que toutes les ſœurs ensemble doivent avoir le tiers, ou si le tiers rend la part de chacune plus forte que celle du cadet, on proportionne leur part à celle d'un cadet.

9°. Nul embarras donc pour l'arbitration du mariage avenant dans les huit cas précédents; il n'y en peut avoir qu'en celui ou la succession est composée de biens Nobles, ou de biens de Caux, à cause de l'égalité ou de l'inégalité qui se rencontre entre le nombre des cadets & celui des filles, & à cause de la contribution respective de l'ainé & des cadets; mais il est aisé de vaincre ces difficultés en prenant pour guide la Table suivante.

CHAPITRE VII.

TABLE de ce qui revient à une Sœur pour son mariage avenant, & à tous les Puînés dans les immeubles de Caux, & sur les Fiefs nobles en Coutume générale.

CETTE Table a été calculée d'après les principes de la Coutume indiqués à un savant Associé, de l'Académie des Sciences, Belles-Lettres & Arts de Rouen (1).

(1) M. Dufay, distingué par ses connoissances sur l'Histoire Naturelle & l'Hydrographie, est décédé il y a deux ans, à Dieppe, où il avoit toujours vécu.

L'exactitude de cette Table & sa commodité sont frappantes ; on y trouve à l'instant, sans qu'on ait la peine de calculer, quelle est la quotité d'une Légitime de quelque valeur que soit la succession, & en quelque nombre que soient les freres ou les sœurs, ainsi que la contribution de chaque frere à cette Légitime, lorsque l'ainé prend les deux tiers, & les cadets le tiers. Car dans le Chapitre précédent, il y a une regle particuliere pour le cas où les cadets prennent des préciputs.

Sœurs. / Cadets.	A 1	2	3	4	5	6	7	8	9	10	11	A 12
B 1	4 1	8 2	9 2	13 3	17 4	18 4	22 5	26 6	27 6	31 7	35 8	36 8
2	7 2	8 2	9 2	13 3	17 4	18 4	22 5	26 6	27 6	31 7	35 8	36 8
3	10 3	11 3	12 3	13 3	17 4	18 4	22 5	26 6	27 6	31 7	35 8	36 8
4	13 4	14 4	15 4	16 4	17 4	18 4	22 5	26 6	27 6	31 7	35 8	36 8
5	16 5	17 5	18 5	19 5	20 5	21 5	22 5	26 6	27 6	31 7	35 8	36 8
6	19 6	20 6	21 6	22 6	23 6	24 6	25 6	26 6	27 6	31 7	35 8	36 8
7	22 7	23 7	24 7	25 7	26 7	27 7	28 7	29 7	30 7	31 7	35 8	36 8
8	25 8	26 8	27 8	28 8	29 8	30 8	31 8	32 8	33 8	34 8	35 8	36 8
9	28 9	29 9	30 9	31 9	32 9	33 9	34 9	35 9	36 9	37 9	38 9	39 9
10	31 10	32 10	33 10	34 10	35 10	36 10	37 10	38 10	39 10	40 10	41 10	42 10
11	34 11	35 11	36 11	37 11	38 11	39 11	40 11	41 11	42 11	43 11	44 11	45 11
B 12	37 12	38 12	39 12	40 12	41 12	42 12	43 12	44 12	45 12	46 12	47 12	48 12

EXPLICATION.

Dans la premiere colonne horisontale A, on voit le nombre des sœurs, comme 6.

Dans la premiere colonne perpendiculaire B, on a mis le nombre des freres, comme 4.

Et dans les quarrés au-dessous des sœurs 6, & vis-à-vis des freres 4, on a mis deux nombres que nous appellerons *correspondants*, & qui sont ici, 18 & 4.

Le supérieur est pour le mariage avenant d'une sœur.

L'inférieur est pour la part cadette, ou pour la part de tous les puînés.

USAGE.

1°. Il faut diviſer la ſucceſſion par le nombre ſupérieur, vous aurez le mariage avenant d'une ſœur.

2°. Multipliez ce quotient par le nombre des ſœurs, vous aurez leur part totale.

3°. Multipliez ce quotient par le nombre inférieur, vous aurez la part cadette qu'il faut partager également entre les puînés.

4°. Doublez la part cadette, vous aurez la part de l'ainé.

EXEMPLE.

Dans une ſucceſſion de 12,000 liv.

Il y a ſept cadets, & neuf ſœurs.

En conſultant la Table,

Je trouve que le nombre 9 de la colonne horiſontale des ſœurs tombe au quarré qui correſpond au nombre 7 de la colonne perpendiculaire des freres, dans lequel quarré ſe trouvent $\frac{30}{7}$; dès-lors je dis : chaque fille a un trentieme, chaque cadet, pareille portion.

C'eſt donc 9 trentiemes pour les filles, ci 9

7 trentiemes pour les cadets, ci 7

Ainſi il reſte à l'ainé 14 trentiemes, ci 14

Le total eſt de 30 trentiemes, ci 30

La regle eſt donc juſte, puiſque

la part des filles n'excede pas dans ce total le tiers de la succession, que la part de chaque fille est égale à celle de chaque cadet, & que l'ainé a le double des cadets.

La Table a été calculée d'après les proportions du nombre des puînés & des sœurs, c'est-à-dire que l'on a déterminé suivant l'Article 269 de la Coutume, la part que les sœurs doivent avoir, par le nombre des puînés. D'où il est résulté :

1°. Que le nombre des puînés s'étant trouvé égal à celui des sœurs, les puînés ont dû avoir un quart, les sœurs un quart, & l'ainé le surplus, c'est-à-dire moitié.

2°. Que le nombre des sœurs ayant été reconnu supérieur de moitié, à la moitié de celui des puînés, ou de plus de cette moitié, c'eſt-à-dire que lorſqu'il s'eſt offert les cas d'un puîné & de deux ſœurs, ou de deux puînés & de trois ſœurs, ou de quatre puînés & de cinq ſœurs, &c. alors les ſœurs ont eu un neuvieme par chaque tête, les cadets chacun pareille quotité, & l'ainé le double de ce qui revenoit aux cadets.

3°. Et enfin que lorſque les ſœurs ſe ſont offertes moindres en nombre que les puînés, ou que la moitié de leur nombre n'a point excédé la moitié du nombre des puînés, alors on a poſé le nombre des puînés, enſuite doublé ce nombre pour l'ainé; & à ces nombres on a ajouté le nombre des filles; tous leſquels nombres ayant été enſuite additionnés, leur total a été distribué à chaque enfant suivant le nombre pour lequel il avoit été compris en l'addition.

Au reste, cette Table ne suffisant point pour déterminer la contribution de l'ainé de Caux, au mariage de ses sœurs, à cause de son préciput, il est convenable de donner ici une méthode pour faire cette contribution, qui soit aussi facile à saisir que celle par laquelle on vient d'opérer la liquidation des Légitimes.

Supposons donc une succession en Caux de 2000 liv. de revenu, & le préciput de 300 liv. de rente, il est évident que, déduction faite de ce préciput, le partable est réduit à 1700 liv. quant au revenu.

Or, qu'il y ait dix enfants, cinq freres & cinq sœurs.

D'abord pour savoir la portion que doit avoir chaque fille, on consulte la Table, & l'on trouve que chaque sœur doit avoir un dix-septieme, c'est-à-dire, 100 liv.

Ce qui fait pour toutes, 500 liv. au capital de 10,000 liv.

Ensuite s'agissant de connoître quelle sera la contribution de l'ainé & des puînés, j'observe que s'il n'y avoit point de sœurs, les puînés auroient 566 liv. 13 s. 4 d. en rente pour leur tiers dans les 1700 liv. Ils doivent donc contribuer à raison de ladite somme de 566 liv. 13 s. 4 d., & l'ainé conséquemment à raison de ses deux tiers montants à 1133 liv. 6 s. 8 d.

& de son préciput de 300 liv. Ainsi je fais une regle de 3, de cette maniere: Si 2000 liv. qui composent la succession totale, paient aux filles 500 liv., combien paiera la part des cadets de 566 liv. 13 s. 4 d.? Et trouvant que leur contribution est de 141 liv. 13 s. 4 d. & celle de l'ainé, à cause de ses 1433 liv. 6 s. 8 d., de 358 l. 6 s. 8 d.

Il revient donc sur les 2000 liv. à l'ainé, déduction faite de sa contribution . . . . . 1075 l.

Aux puînés, à la même déduction 425

Et par conséquent aux sœurs 500

Ci . . 2000 l.

Ce qui forme la totalité de la succession.

Fin de la premiere Partie.

SECONDE PARTIE.

DROITS des Filles, indépendants de ceux qui leur appartiennent comme Légitimaires ou réservées à partage en la succession de leurs Peres & Meres.

CHAPITRE Ier.

DE la minorité & majorité des Filles nobles ou roturieres, & de la maniere dont elles succedent directement ou par représentation.

LES filles sont nobles ou roturieres : si elles sont nobles & propriétaires de fiefs, ces fiefs durant leur minorité tombent en la garde du Roi ou des Seigneurs, selon qu'ils relevent du Souverain ou de Seigneurs particuliers. Quand elles se marient avant leur majorité, du consentement de leurs Seigneurs ou par leur conseil, elles sortent de garde (1). Il en est de même si leurs parents, en conséquence du refus injuste des Seigneurs de concourir à leur établissement, leur en procurent un assorti à la noblesse de leur lignage, & à la valeur de leurs fiefs (2).

Quand une fille sortie de garde

(1) Article 227 de la Coutume.

(2) Articles 228 & 231. ibid.

Arrêt du mois d'Août 1556. Terrien, liv. XII, chap. XIV.

épouſe un mineur, ſon fief rentre en la garde du Seigneur dont il eſt mouvant jusqu'à ce que l'époux ait acquis ſa vingtieme année; au contraire, quand la fille mineure épouſe un majeur, & devient veuve durant ſa minorité, le Seigneur ne peut reprendre la garde du fief de ſa vaſſale (1).

Un pere noble qui ne laiſſe que des filles, donne ouverture à la garde du Seigneur pour le fief auquel elles ſuccedent; & quoique l'ainée ſoit majeure, les mineures ne ſont pas pour cela exemptes de la garde; tout ce que l'ainée peut faire, pour s'en affranchir, eſt de procéder à des lots défini-

(1) Article 232 de la Coutume.

tiſs avec le tuteur de ſes ſœurs; à ce duement autoriſé par la famille; car le fief échéant à l'ainée, le Seigneur peut être contraint de lui en faire délivrance (1).

Entre ſœurs, il n'y a point de droit d'aineſſe, ſi ce n'eſt pour le choix qui appartient à la plus âgée; mais quant au partage, les biens nobles ſe diviſent également (2), avec cette reſtriction ſeulement à l'égard des fiefs de haubert, qu'ils ne peuvent être partagés qu'en huit parts, dont chacune part a ſa cour , ſes uſages , ſa Juriſdiction,ſes Gages-pleiges. Ce partage du fief ne doit cependant avoir lieu que lorſque les partages ne

(1) Article 234 de la Coutume.

(2) Articles 272 & 336.

peuvent ſe faire autrement.

Si les filles ſont roturieres, leur frere ainé eſt leur tuteur naturel & légitime, il a la garde de leurs perſonnes & de leurs biens juſqu'à vingt-un ans (1).

Suivant le Réglement de 1666, Article XL, elles ne pouvoient anciennement obtenir Lettres de bénéfice d'âge pour ſe faire émanciper. Cet Article a été abrogé par la Déclaration du Roi de 1719, qui autoriſe leur émancipation par Lettres du Prince à 14 ans.

Les filles nobles ou roturieres peuvent teſter du tiers de leur mobilier (2).

---

(1) Article 261 de la Cout., & 38 des Placités.

(2) Article 415 de la Coutume.

En ſuccédant à leurs peres aux fiefs ou aux rotures, les filles mineures ou majeures, qui n'ont pas de freres, repréſentent leurs peres ; enſorte qu'elles ont, lorſqu'ils ſont ainés, toutes les prérogatives attachées à ce titre, vis-à-vis de leurs oncles ou de leurs couſins (1).

Ceci ne doit s'entendre cependant que des ſucceſſions directes aux propres ; car en ſucceſſion collatérale aux meubles & acquêts, outre que la repréſentation n'a lieu qu'entre les filles ſœurs du frere du défunt avec leurs oncles & tantes, les filles repréſentant en ce cas leur pere, quoiqu'ainé, n'ont qu'une part égale à celle

(1) Article 240 de la Coutume.

qui échet à leursdits oncles ou tantes (1). D'ailleurs, si en parité de degré & au-delà du premier degré qui est le seul qui souffre la représentation en ladite succession, les filles se trouvent en concurrence avec des garçons, ceux-ci les en excluent (2). Il y a plus, les fils de freres sont préférés aux mâles descendus de sœurs (3). Et un frere de pere ou de mere seulement l'emporte sur les sœurs de pere & de mere, tandis qu'une sœur de pere ou utérine succede également avec la sœur de pere & de mere, & que les filles, sœurs utérines du pere du défunt, com-

(1) Articles 304, 305, 306 & 308. ibid.
(2) Article 317. ibid.
(3) Article 309. ibid.

me tantes paternelles de leurs neveux & nieces décédés, excluent les tantes & même les oncles maternels des défunts (1). Telles sont les dispositions textuelles de la Coutume qui déterminent les droits que les filles peuvent revendiquer indépendamment de leur qualité d'héritieres ou de légitimaires de leurs pere & mere, & qui sont si aisées à saisir qu'on en a cru tout Commentaire inutile. Mais il est d'autres droits sur lesquels la Coutume est, ou obscure, ou muette; ils seront l'objet du Chapitre suivant.

---

(1) Article 328. ibid., & Arrêt du 22 Mars 1678, rapporté par Banage.

CHAPITRE II.

QUAND les Filles peuvent-elles ſe marier ſans conſentement de leurs Aſcendants ou Collatéraux ? Quels dons peuvent-elles faire par Contrat de mariage à leurs Epoux ? Formalités des Sommations reſpectueuſes & déclarations de groſſeſſe.

CES droits concernent, ſoit l'établiſſement des filles & tout ce qui peut le favoriſer ou y mettre obſtacle, ſoit les actes qu'elles peuvent faire avant le mariage au profit de tiers, ou que des étrangers peuvent faire en leur faveur ou à leur préjudice.

Avant vingt-cinq ans la fille qui a son pere ne peut se marier sans sa permission, sous peine d'être exhérédée (1). Et si elle contractoit mariage malgré les défences portées par la Loi à cet égard, son complice seroit capitalement puni, & ses enfants incapables comme elle de succéder tant en ligne directe que collatérale.

Cependant il est des peres injustes qui par cupidité, opiniâtreté, caprice, traversent les inclinations vertueuses de leurs enfants; mais un pere doit être toujours présumé exempt de ces défauts, aux yeux des mineures, & il faudroit que celui qui recherche-

---

(1) Edit de 1556, Déclaration de 1639, & Arrêt du 22 Février 1759.

roit

roit la fille lui offrît des avantages bien considérables du côté des mœurs & de la fortune, afin que l'autorité même du Roi pût avec équité rendre vaine celle du pere : le pouvoir paternel sur les enfants ne doit être suppléé par celui de la famille & des Juges, que lorsque sa débauche, son inconduite ou son défaut de jugement sont notoires (1). Il n'en est pas tout à fait de même de la mere ; si les parents approuvent le choix de la fille, ils doivent être favorablement écoutés, surtout si la mere est remariée : Arrêt du 16 Mars 1683. Banage, Article 369.

(1) C'est l'espece des Arrêts rapportés par Banage sur l'Article 369, en dates des 14 Février 1645 & 12 Février 1670.

Il en eſt de même des freres ; quoique les ſœurs ſoient en leur garde juſqu'à vingt-un ans (1), bien entendu la mere étant décédée ou remariée, car ſans cela la garde de ſa fille lui appartiendroit (2) ; leur pouvoir ainſi que celui des tuteurs eſt ſubordonné à celui de la famille. Ils ſont tenus d'expliquer les cauſes de leur oppoſition, & il eſt de la prudence des Juges de comparer les motifs avec ceux de l'approbation que les autres parents donnent à l'alliance projettée.

Quoique les filles aient atteint leur majorité de vingt-cinq années, elles ne ſont pas pour cela ſouſ-

(1) Article 261 de la Coutume.
(2) Article VIII du Réglement de 1673.

traites à l'autorité de leurs pere & mere ; pour prévenir l'exhérédation, elles ſont tenues de requérir leur conſeil & conſentement ſur leur mariage. A cet égard il ſe commet d'étranges abus : un Notaire ſe préſente au pere ou à la mere, les ſomme de donner leur approbation aux vues de leurs filles ; cette ſommation eſt trois fois réitérée ; & les obſervations que les pere & mere font aux Notaires ne ſont pas toujours inſérées dans l'Acte qu'ils dreſſent : or, il eſt de la plus grande conſéquence d'obſerver ſur ce point que l'enfant doit aſſiſter le Notaire ; car autrement la demande qu'il fait de conſeils ſeroit une dériſion. Si les pere & mere veulent en effet avoir la liberté de renouveller leurs remontrances, il eſt juſte que la liberté leur en ſoit accordée : à la vérité, la préſence de leurs enfants peut réveiller chez eux quelques ſentiments d'indignation ; mais quel inconvénient y auroit-il donc à ce que les enfants fuſſent témoins de la ſenſibilité de leurs pere & mere ? Les ſuites n'en peuvent être dangereuſes, l'homme public étant aſſiſté de témoins. S'il y a au contraire quelque riſque à redouter, c'eſt celui que par trop de précipitation les enfants ne deviennent victimes d'un parti pris à la légere & ſans avoir aſſez réfléchi ſur ſes ſuites. En un mot, les ſommations ſont pour *requérir conſeil*, ce n'eſt pas le requérir que d'éviter de l'entendre.

Quand les filles n'ont ni pere ni mere, & ont acquis la majorité des Ordonnances pour contracter mariage, le vœu de leurs freres & de leurs tuteurs eſt inutile, ils ſont ſuffiſamment avertis par la publication des bans, de l'intérêt qu'ils ont à traverſer l'alliance, s'ils ſont fondés à empêcher qu'elle ne s'effectue ; car ils peuvent en avoir de juſtes motifs ; par exemple, ſi l'époux choiſi par leur ſœur ou parente étoit flétri, il leur importeroit d'écarter une union dont le deshonneur rejailliroit ſur eux ; mais afin que l'oppoſition ſoit fondée, la flétriſſure objectée doir être juridiquement conſtante, une ſimple accuſation ne ſuffit pas pour juſtifier les oppoſants, & ils ne ſont pas admissibles à faire valoir des bruits vagues, quoique publics ; en offrant de les prouver, ils s'exposeroient d'ailleurs à des réparations authentiques, & à des condamnations rigoureuses de dommages & intérêts. Les oppositions aux mariages destituées de fondements solides & légaux, sont proscrites aussi sévérement par les Loix canoniques, que par les civiles (1).

Souvent les filles majeures les plus dociles à la voix de leurs parents, se déterminent par leurs conseils à s'établir, & ne reconnoissent qu'après les accords arrêtés & signés, les motifs

---

(1) Edit du Roi sur les oppositions aux mariages, de 1778.

qui auroient dû les en diſſuader. En ce cas, ſi la fille craint de dire les cauſes de ſon changement de volonté, ce qui pourroit l'expoſer à des pourſuites déſagréables & ruineuſes, elle doit reſtituer le prix des préſents qu'elle a reçus, & des meubles que ſon affidé a achetés en vue du mariage; mais il ſeroit indécent de la part de celui qui éprouve le refus, d'exiger des intérêts (1); il ne lui en eſt dû que lorſque le refus eſt motivé & tend à le deshonorer. Alors ſon dédommagement doit être proportionné à la gravité de l'injure.

Soit qu'une fille ſoit mineure

---

(1) Banage, Article 359., fol. 35., tome 2, édit. de 1709.

ou majeure, elle peut donner en ſe mariant tout ſon mobilier & le tiers de ſes immeubles à ſon mari, en obſervant cependant que ſi elle eſt mineure, ſes parents doivent l'autoriſer : Article LXXIV du Réglement de 1666. De là on conclut que ſi peu de temps avant le mariage elle vend ſes biens à celui auquel elle ſe propoſe de donner la main, la vente ne peut ſubſiſter, parce qu'alors on répute la vente, donation exceſſive & faite en fraude de la Coutume (1).

La Juriſprudence qui a fixé avec beaucoup de ſoin l'étendue & les

(1) Arrêts du mois de Mars 1620, & du premier Juillet 1639, rapportés par Banage, Article 410.

bornes

bornes du pouvoir des filles majeures ſur les conventions qu'elles peuvent faire en contractant mariage, n'a pas été moins attentive à les précautionner contre la tentation de ſéduire, ou le danger d'être ſéduites, auquel le deſir d'un établiſſement pourroit les expoſer. De là par Arrêt du 15 Avril 1723, il a été jugé que la ſimple déclaration d'une fille groſſe ne ſuffit pas pour convaincre celui qui ſe défend d'être l'auteur de ſa groſſeſſe. Et par un autre, du 23 Février 1755, une fille qui avoit eu un enfant, fut déclarée non-recevable à ſe plaindre de celui qu'elle prétendoit être l'auteur de ſa ſeconde groſſeſſe.

Au reſte, rien n'eſt ſi propre à

prévenir les désordres du sexe le plus intéressé au triomphe des bonnes mœurs, que les dispositions de l'Edit de 1556.

Mais plus cet Edit, qui punit de mort les filles qui ont celé leur grossesse & dont l'enfant a été privé du baptême ou de la sépulture, est sévere ; plus il faut offrir aux filles enceintes de facilités, pour qu'elles évitent le châtiment qu'il inflige. Ainsi les Juges & les Greffiers doivent recevoir dans le secret & gratuitement leurs déclarations (1). Toutes questions de pure curiosité, doivent être interdites aux Officiers ;

---

(1) Lettre de M.[r] le Chancelier à M. l'Intendant du Languedoc. Code Matrimon. f°. 640, édition in-4°.

& il convient encore que les filles n'ignorent pas que leurs déclarations peuvent être faites par des parents, des amis, des étrangers. Combien de filles se sont exposées à perdre la vie, pour ne pas l'être à la dérision de Commis de Greffe, auxquels la paresse des Juges laisse souvent le soin de recevoir les déclarations !

La briéveté de cette seconde Partie doit faire entendre en quel sens on a donné à cet Ouvrage le titre de *Traité des Droits des Filles, en Normandie.* Ce n'a pas été de tous les droits qui leur appartiennent qu'on s'y est proposé de traiter, mais seulement de ceux qui ont pour appui les Coutumes particulieres de cette Province,

& les Arrêts du Parlement, qui ont ſuppléé aux diſpoſitions omiſes dans le Texte de ces Coutumes.

Fin de la ſeconde & derniere Partie.

RECUEIL D'ARRÊTS ET RÉGLEMENTS,

Pour servir de Supplément à ceux cités dans le cours de l'Ouvrage.

ARREST du 30 Juin 1665.

QUAND il y a plusieurs freres & plusieurs sœurs, & plusieurs fiefs dans la succession; plusieurs fiefs étant choisis par préciput, s'il reste encore des fiefs & des rotures qui soient partagés entre les autres freres, les fiefs choisis n'entrent point en l'eſtimation du mariage avenant, ils contribuent ſeulement à proportion de leur valeur, à la Légitime, laquelle eſt évaluée à la part du dernier puîné.

AUTRE, du 3 *Février* 1671.

PAR Arrêt du Mardi 3 Février 1671, il a été jugé, qu'un pere ayant marié ſa fille, & lui ayant promis pour ſa dot, en faveur de mariage, une ſomme de 300 liv. payable en argent ou en fonds, deux ans après la célébration dudit mariage, le pere, après ledit temps, ayant baillé une portion de vigne au mari de ſa fille, qu'il avoit acceptée pour ladite ſomme de 300 livres, & depuis laiſſée entiérement dépérir par ſon mauvais ménage & faute de ſoin, le mari étant mort, & la femme ayant renoncé à ſa ſucceſſion, elle n'étoit point recevable à venir demander à ſon pere, qu'il eût à reprendre ladite portion de vigne, & lui payer ladite ſomme de 300 liv. par lui promiſe en argent, ou autre fonds d'égale valeur ; d'autant que le pere n'eſt point garant de la dot de ſa fille, ni du dépériſſement qui peut y arriver, quand il s'en eſt une fois acquitté.

Nota. Que comme le pere avoit offert pardevant le Vicomte de Paſſy, & conſenti que l'on fît eſtimation de ladite portion de vigne, eu égard au temps & à l'état qu'il l'avoit baillée, pour payer le ſurplus, avec intérêt du jour de la mort de ſon gendre, en cas qu'il ne ſe trouvât pas qu'elle valût ladite ſomme de 300 liv.; ladite Sentence du Vicomte qui l'avoit ainſi ordonné, avec dépens, fut confirmée; dépens néanmoins compenſés de la cauſe d'appel, à cauſe de la qualité des Parties; & la Sentence du Bailli, qui avoit ordonné que l'eſtimation au contraire ſeroit faite, eu égard au temps préſent, fut caſſée ſur l'appel: plaidant Me. de Lepiney pour le pere, appellant, & Me. Theroulde, pour l'intimée, à la petite Audience.

AUTRE, du 28 Novembre 1698.

PAR Arrêt de la Grand'-Chambre, du 28 Novembre 1698, on a confirmé une Sentence du Bailli de Rouen, qui ordonnoit que le sieur de Sulemare, fils & héritier de son pere, viendroit passer son option, ou de donner dès à présent à sa sœur une somme de 5500 liv. en propriété, pour sa Légitime, ou de l'admettre à partage, suivant que le sieur de Sulemare pere l'avoit ordonné par son Testament. Me. Ynor, Avocat de la fille, soutenoit l'exécution du Testament, & qu'il falloit ou donner les 5500 liv. aux termes d'icelui, ou admettre à partage.

AUTRE, du Conseil d'Etat privé, du 14 *Août* 1719,

REVÊTU de Lettres-patentes du 3 Septembre suivant, & enregistrées le 3 Décembre de la même année, portant Réglement pour l'expédition des Lettres de Bénéfice d'âge ou d'émancipation ; savoir, aux garçons à l'âge de seize ans, & aux filles à quatorze ans accomplis.

AUTRE, du 10 *Décembre* 1720.

UNE fille mariée par sa mere & par ses freres après le décès de son pere, la mere & les freres lui donnent mariage, avec stipulation qu'il y en aura le tiers en don mobil. Jugé que le don mobil est censé fait par la fille, en tant que de sa part dans la succession de son pere, à l'effet de ne pouvoir plus rien donner à un second mari sur sa dot paternelle.

AUTRE, *du* 22 *Avril* 1722.

QUAND le pere & la mere ont promis conjointement mariage à leur fille, il ne suffit pas aux freres qui veulent agir en réduction de Légitime, de faire inventaire après le décès de leur pere, il faut qu'ils fassent encore faire inventaire après le décès de la mere, si elle survit son mari. *Voyez l'Article XLVIII du Réglement de 1666.*

AUTRE, en forme de Réglement du 19 Juin 1724.

NOTREDITE Cour, faisant droit sur les amples Conclusions de notre Procureur-Général, ordonne qu'à l'avenir, lors des distributions des deniers provenants des adjudications par décret, où il y aura des oppositions pour rentes hypotheques, appartenantes à des femmes mariées ou civilement séparées, les Substituts de notre Procureur-Général seront tenus de requérir & les Juges d'ordonner que les maris ou les femmes civilement séparées, seront obligés pour recevoir, de fournir bon & valable remplacement, ou au défaut, bonne & suffisante caution des capitaux des rentes dont il y aura collocation ; lesquelles cautions seront reçues par le Juge, en la présence du Substitut de notre Procureur-Général & des Parties intéressées, ou icelles duement appellées.

AUTRE, du 7 Juillet 1724.

LA demande du paiement de Légitime d'une fille ne se prescrit point par quarante ans ; elle est de même nature que la demande en partage entre co-héritiers.

AUTRE, du 19 Janvier 1735.

CLAUSE employée dans un contrat de mariage au bénéfice d'une fille, pour laquelle son pere ou sa mere déclarent la réserver à leur ſucceſſion *pour ce qui peut lui compéter & appartenir*, ne vaut que pour demander mariage avenant ; elle n'eſt pas ſuffiſante pour opérer une réſerve à partage.

AUTRE, *du* 28 *Avril* 1735.

LES meubles promis par un pere à ſa fille en la mariant, mais payables après ſa mort, ne tiennent pas nature de propres, comme ceux donnés & livrés en mariage faiſant ; ils tiennent ſeulement nature d'acquêts, encore bien que le gendre ſe fût obligé de les remplacer en dot par le contrat.

AUTRE, *du* 11 *Juillet* 1738.

QUI décide que l'arbitration de la Légitime ſur le bien de la mere, ſe fait eu égard à la valeur de ce bien, au temps du décès de la mere, & non au temps du décès du pere, qui en a joui à droit de viduité, quoiqu'il l'ait augmentée & décorée.

AUTRE, *du* 26 *Avril* 1742.

LA fille non mariée n'eſt qu'uſufruitiere de ſa Légitime, quoique ſon frere lui abandonne des fonds en propriété en paiement de cette Légitime.

AUTRE, du 19 *Mars* 1746.

QUAND une fille est réservée à partage, & qu'elle a deux freres, si l'ainé prend un fief par préciput, la part de la fille dans le surplus n'est pas de la moitié, elle est seulement d'un tiers.

La même chose avoit été jugée par Arrêt du 16 Août 1725.

AUTRE, du 12 *Juin* 1749.

FILLE mariée du vivant de son pere & de son consentement, quoiqu'il n'ait pas signé au contrat, & qu'elle ait été dotée par un autre, n'a point d'action pour demander Légitime en sa succession.

AUTRE

AUTRE, du 31 *Mars* 1751.

QUAND un pere réſerve ſa fille à ſa ſucceſſion, en conſéquence de laquelle réſerve la fille fait un don mobil à ſon mari ſur cette ſucceſſion, du conſentement de ſon pere, le don mobil ne peut s'y exercer ſi la fille prédécede le pere.

AUTRE, du 13 *Juin* 1752.

PETITE-FILLE donataire d'une ſomme mobiliaire de ſon aïeule, laquelle ſomme auroit pu être donnée à un étranger, n'eſt point obligée de la rapporter à la ſucceſſion de ſa mere, héritiere de l'aïeule, pour demander en cette ſucceſſion ſa Légitime.

AUTRE, du 18 *Janvier* 1754.

FILLE mariée du vivant de sa mere, ne peut rien réclamer à sa succession pour sa Légitime, encore que la mere n'aie signé ni au contrat de mariage, ni à l'acte de célébration, & qu'elle ne lui aie rien promis ; mais il n'y avoit point de sommations respectueuses, pour constater de la mere.

Pareil Arrêt du 12 Juin 1750, par rapport à la succession du pere.

AUTRE, du 16 *Décembre* 1755.

LA fille réservée à succession par son pere ou par sa mere, pour en jouir le cas offrant, suffit pour opérer la réserve à partage, parce que réserver à partage, ne signifie autre chose, que réservé à partager une succession.

AUTRE, du 28 Février 1761.

LE mariage avenant des filles se regle au tiers juste du revenu, les charges déduites, & non entre le tiers & le quart, sous prétexte de faire contribuer la fille aux réparations des biens.

AUTRE, du Parlement de Paris, du 10 Avril 1777.

VU par la Cour la Requête présentée par le Procureur-Général du Roi, contenant qu'il a été informé que dans l'étendue de la Sénéchaussée de Gueret il s'est introduit un abus relativement à la publication des bans & à la célébration des mariages, qu'on ne peut trop tôt réprimer ; que les Particuliers qui ſont en conteſtation avec une des Parties contractantes, ſoit pour créances ou intérêts civils, forment oppoſitions aux mariages, & même interjettent appel comme d'abus à la publication des bans ; que d'autres particuliers qui ont pu être refuſés dans la recherche qu'ils avoient faite des filles, ſuivent la même voie, forment oppoſition aux mariages, & interjettent appel comme d'abus de la publication des bans ; & comme il n'y a que les Parents des Parties contractantes qui puiſſent être fondés à s'oppoſer aux mariages, s'ils croient y être fondés, ou d'autres Parties avec lesquelles on auroit pu contracter des engagements par écrit pour ces mariages, & qui n'auroient pas été indemnisés des dépenses qu'ils auroient pu faire à ce sujet, & même que ces Parties n'ont qu'une action civile pour leur dédommagement, sans pouvoir empêcher les mariages; qu'on ne peut, sous d'autres prétextes, former opposition aux mariages, & encore moins interjetter appel comme d'abus de la publication des bans, à moins qu'on n'eût connoissance d'un empêchement dirimant, dont il faudroit seulement faire la déclaration au Prêtre qui publie les bans, & au Juge du domicile des Parties, & qu'il résulte de ces oppositions &

appels comme d'abus, que la plupart des mariages ne peuvent se contracter ni avoir lieu par l'impossibilité où sont les Parties de se pourvoir en Justice réglée pour y statuer : A ces causes, requéroit le Procureur-Général du Roi, qu'il plût à la Cour faire défenses à toutes personnes de former opposition aux mariages, soit des mineurs ou des majeurs, ni d'interjetter appels comme d'abus des publications des bans, sous prétexte d'intérêts civils ou de promesses verbales de mariages, sous telles peines qu'il appartiendra, même d'être poursuivis extraordinairement suivant l'exigence des cas ; faire pareillement défenses à tous Huissiers de prêter leur ministere pour de pareilles oppositions & appels comme d'abus, ſous peine d'interdiction & d'être pareillement pourſuivis extraordinairement ; ordonner que l'Arrêt qui interviendra ſera imprimé, publié & affiché tant à Gueret que dans les Paroiſſes & lieux du reſſort de la Sénéchauſſée de ladite Ville ; enjoindre au Subſtitut du Procureur-Général du Roi en ladite Sénéchauſſée de Gueret, de tenir la main à l'exécution dudit Arrêt, & d'en certifier le Procureur-Général du Roi au mois. Ladite Requête ſignée du Procureur-Général du Roi. Oui le rapport de Me. Pommyer, Conſeiller : Tout conſidéré.

LA COUR fait déſenſes à toutes perſonnes de former oppoſition aux mariages, ſoit des mineurs ou des majeurs, ni d'interjetter appel comme d'abus des publications de bans, ſous prétexte d'intérêts civils ou de promeſſes verbales de mariage, ſous telles peines qu'il appartiendra, même d'être pourſuivies extraordinairement ſuivant l'exigence des cas ; fait pareillement défenſes à tous Huiſſiers de prêter leur miniſtere pour de pareilles oppoſitions & appels comme d'abus, ſous peine d'interdiction & d'être pareillement pourſuivis extraordinairement : ordonne que le préſent Arrêt ſera imprimé, publié & affiché tant à Gueret que dans les Paroiſſes & lieux du reſſort de la Sénéchauſſée de ladite Ville : Enjoint au Subſtitut du Procureur-Général du Roi en ladite Sénéchauſſée de

Gueret,

Gueret, de tenir la main à l'exécution du présent Arrêt, & d'en certifier le Procureur-Général du Roi dans le mois. Fait en Parlement le dix Avril mil sept cent soixante-dix-sept. Collationné, LUTTON. *Signé*, DUFRANC.

AUTRE, *du* 28 *Avril* 1778.

VU par la Cour la Requête présentée par le Procureur-Général du Roi, contenant qu'ayant été informé que dans l'étendue de la Sénéchaussée de Gueret il s'étoit introduit un abus par rapport aux oppositions que l'on formoit à la célébration des Mariages, & à l'appel comme d'abus qu'on interjettoit de la publication des Bans, sous prétexte d'intérêts civils ou de promesses verbales de Mariage; la Cour, par Arrêt du dix Avril mil sept cent soixante-dix-sept, a fait défenses à toutes personnes de former opposition aux Mariages, soit des mineurs ou des majeurs, ni d'interjetter appel comme d'abus des publications de Bans, sous prétexte d'intérêts civils oude promesses verbales de Mariage, sous telle peine qu'il appartiendra, & même d'être poursuivis extraordinairement suivant l'exigence des cas. La Cour a pareillement fait défenses à tous Huissiers de prêter leur ministere pour de pareilles oppositions & appels comme d'abus, sous peine d'interdiction, & même aussi d'être poursuivis extraordinairement; que le Procureur-Général du Roi a été informé que dans l'étendue de plusieurs autres Sieges du ressort de la Cour, le même abus s'est introduit; ce qui fait que le Procureur-Général du Roi doit proposer à la Cour d'étendre l'exécution de l'Arrêt du dix Avril mil sept cent soixante-dix-sept, pour tous les Sieges du Ressort; & comme il arrive très-souvent que les habitants de la campagne ne sont pas en état d'avancer les frais nécessaires pour avoir la main-levée des oppositions qui ont été formées à leurs Mariages, ce qui fait retarder les Mariages de convenance, souvent les empêche & cause par conséquent un préjudice considérable à la Société, le Procureur-Général du Roi doit proposer à la Cour d'ordonner qu'en pareil cas il sera pourvu à la requête de ses Substituts dans les Bailliages & Sénéchaussées, pour faire prononcer la main-levée des oppositions ; & que quant aux appels comme d'abus qui pourront être interjettés des publications de Bans, il y sera pourvu à la requête du Procureur-Général du Roi : A ces causes, requéroit le Procureur-Général du Roi, qu'il plût à la Cour ordonner que l'Arrêt dudit jour dix Avril mil sept cent soixante-dix sept, sera exécuté ; en conséquence, faire défenses à toutes personnes, excepté aux Peres & Meres, Tuteurs & Curateurs, Freres & Sœurs, Oncles & Tantes, de former oppositions aux Mariages, soit des mineurs, soit des majeurs, ni d'interjetter appel comme d'abus des publications de Bans, ſous quelque prétexte que ce puiſſe être, à moins que ce ne ſoit pour empêchement dirimant, auquel cas les cauſes en ſeront déduites dans les exploits d'oppoſitions ou d'appel comme d'abus, ſous peine de trois cents livres d'amende, même d'être pourſuivis extraordinairement ſuivant l'exigence des cas : Faire pareillement déſenſes à tous Huiſſiers de prêter leur miniſtere pour de pareilles oppoſitions & appels comme d'abus, ſous les mêmes peines, & même d'interdiction, au défaut par eux de déduire dans les exploits qu'ils ſignifieront, les cauſes d'oppoſition ou d'appel comme d'abus; ordonner que, pour les ouvriers & habitants, tant des

Villes que de la Campagne, qui ne feront pas en état de se pourvoir en Justice pour avoir la main-levée des oppositions à leurs Mariages, ou pour faire statuer sur les appels comme d'abus qui seroient interjettés des publications de leurs Bans ; il sera, quant auxdites oppositions, fait les poursuites nécessaires à la requête des Substituts du Procureur-Général du Roi dans les Bailliages, Sénéchaussées & Sieges Royaux, autres que les Prévôtés & Châtellenies, pour faire prononcer la main-levée desdites oppositions & pour poursuivre les Opposants, conformément à l'Arrêt à intervenir, & que, quant aux Appels comme d'abus, il y sera statué à la requête du Procureur-Général du

Roi ; ordonner que l'Arrêt à intervenir ſera lu & publié, l'Audience tenante des Bailliages, Sénéchauſſées & autres Sieges Royaux, inſcrit ſur les regiſtres deſdits Bailliages, Sénéchauſſées & autres Sieges Royaux, imprimé & affiché par-tout où beſoin ſera ; enjoindre aux Subſtituts du Procureur-Général du Roi dans leſdits Sieges d'y tenir la main, & d'en certifier la Cour dans le mois. Ladite Requête ſignée du Procureur-Général du Roi. Oui le rapport de Me. Sahuguet d'Eſpagnac, Conſeiller : Tout conſidéré.

LA COUR ordonne que l'Arrêt dudit jour dix Avril mil ſept cent ſoixante-dix-ſept ſera exécuté ; en conſéquence, fait défenſes à toutes perſonnes, excepté aux

Peres & Meres, Tuteurs & Curateurs, Freres & Sœurs, Oncles & Tantes, de former oppoſitions aux Mariages, ſoit des mineurs, ſoit des majeurs, ni d'interjetter appel comme d'abus des publications de Bans ſous quelque prétexte que ce puiſſe être, à moins que ce ne ſoit pour empêchement dirimant, auquel cas les cauſes en ſeront déduites dans les exploits d'oppoſitions ou d'appel comme d'abus, ſous peine de trois cents livres d'amende, même d'être pourſuivis extraordinairement ſuivant l'exigence des cas ; fait pareillement défenſes à tous Huiſſiers de prêter leur miniſtere pour de pareilles oppoſitions & appels comme d'abus, ſous les mêmes peines, & même d'interdiction, au défaut par eux de déduire dans les exploits qu'ils signifieront, les causes d'opposition ou d'appel comme d'abus : ordonne que, pour les Ouvriers & Habitants, tant des Villes que de la Campagne, qui ne seront pas en état de se pourvoir en Justice pour avoir la main-levée des oppositions à leurs Mariages, ou pour faire statuer sur les appels comme d'abus qui seroient interjettés des publications de leurs Bans, il sera, quant auxdites oppositions, fait les poursuites nécessaires à la requête des Substituts du Procureur-Général du Roi dans les Bailliages, Sénéchaussées & Sieges Royaux, autres que les Prévôtés & Châtellenies, pour faire prononcer la main-levée desdites oppositions, & pour poursuivre les Oppoſants, conformément au préſent Arrêt ; & que, quant aux appels comme d'abus, il y ſera ſtatué à la requête du Procureur-Général du Roi. Ordonne que le préſent Arrêt ſera lu & publié, l'Audience tenante des Bailliages, Sénéchauſſées & autres Sieges Royaux, inſcrit ſur les regiſtres deſdits Bailliages, Sénéchauſſées & autres Sieges Royaux, imprimé & affiché par-tout où beſoin ſera ; enjoint aux Subſtituts du Procureur-Général du Roi dans leſdits Sieges d'y tenir la main & d'en certifier la Cour dans le mois. Fait en Parlement le vingt-huit Avril mil ſept cent ſoixante-dix-huit. Collationné, LUTTON. *Signé*, DUFRANC.

FIN.

APPROBATION.

J'Ai lu par ordre de Monſeigneur le Garde des Sceaux, un Manuſcrit intitulé : *Traité ſur les Droits des Filles en Normandie*, &c. & je n'y ai rien trouvé qui puiſſe en empêcher l'impreſſion. A Rouen, ce 15 Octobre 1778.

MOULIN, Avocat en Parlement.

Le Privilege ſe trouvera à la fin du Dictionnaire de Juriſprudence Normande.

De l'Imprimerie d'OURSEL, rue de la Vicomté.

www.ingramcontent.com/pod-product-compliance
Ingram Content Group UK Ltd.
Pitfield, Milton Keynes, MK11 3LW, UK
UKHW022054260726
13993UKWH00001B/106